VIAGEM PASTORAL AO BRASIL

CANONIZAÇÃO DE SANTO ANTÔNIO DE SANT'ANNA GALVÃO

Dados Internacionais de Catalogação na Publicação (CIP)
(Câmara Brasileira do Livro, SP, Brasil)

Viagem pastoral do Brasil : canonização de Santo
  Antônio de Sant'Anna Galvão. — São Paulo : LTr,
  2007.

Bibliografia.
ISBN 978-85-361-1029-5

1. Bento XVI, Papa, 1927- 2. Canonização
3. Galvão, Frei, Santo, 1739-1822 4. Visitas papais -
Brasil.

07-5540 CDU-262.13

Índices para catálogo sistemático:

1. Bento XVI : Viagem Pastoral ao Brasil :
   Cristianismo   262.13
2. Viagem Pastoral ao Brasil : Bento XVI :
   Cristianismo   262.13

Produção Gráfica e Editoração Eletrônica: **PETER FRITZ STROTBEK**
Capa: **FÁBIO GIGLIO**
Impressão: **HR GRÁFICA E EDITORA**
Texto integral retirado do site do Vaticano.

(Cód. 3505.5)

© Todos os direitos reservados

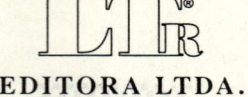

EDITORA LTDA.

Rua Apa, 165 - CEP 01201-904 - Fone (11) 3826-2788 - Fax (11) 3826-9180
São Paulo, SP - Brasil - www.ltr.com.br

Agosto, 2007

SUMÁRIO

Apresentação 5

Cerimônia de Boas-Vindas – Aeroporto Internacional de São Paulo/Guarulhos, SP 11

Encontro com os Jovens – Estádio Municipal do Pacaembu, São Paulo, SP   14

Santa Missa e Canonização de Frei Antônio de Sant'Ana Galvão – Aeroporto "Campo de Marte", São Paulo, SP 23

Encontro e Celebração das Vésperas com os Bispos do Brasil – Catedral da Sé, São Paulo, ... 28

Encontro com as Irmãs Clarissas – Fazenda da Esperança – Guaratinguetá, SP 37

Encontro com a Comunidade – Fazenda da Esperança – Guaratinguetá, SP   40

Oração do Santo Rosário e Encontro com os Sacerdotes, os Religiosos, as Religiosas, os Seminaristas e os Diáconos – Basílica do Santuário de Aparecida, SP 43

Santa Missa de Inauguração da V Conferência Geral do Episcopado da América Latina e do Caribe – Esplanada do Santuário de Aparecida, SP   48

Sessão Inaugural dos Trabalhos da V Conferência Geral do Episcopado da América Latina e do Caribe – Sala das Conferências – Santuário de Aparecida, SP 54

Cerimônia de Despedida – Aeroporto Internacional de São Paulo/Guarulhos, SP 71

APRESENTAÇÃO

Foi com imensa alegria que o povo brasileiro recebeu, no passado dia 9 de maio, a visita do Papa Bento XVI. A cobertura da mídia, durante os 5 dias em que o Sumo Pontífice esteve conosco no Brasil, colocando o evento em primeira linha de notícias, com espaço e tempo abundantemente dedicados à sua pessoa e palavras, dá um pouco a tônica da importância do acontecimento: milhares de pessoas reunindo-se à sua passagem, como também em torno do Mosteiro de São Bento, onde ficou hospedado, até o mais de milhão de assistentes à canonização de Frei Galvão, sacerdote franciscano, primeiro santo nascido no Brasil, realizada no Campo de Marte no dia 11 de maio, são reflexo do carisma de Joseph Ratzinger, agora Papa Bento XVI. Mas não só do seu carisma; principalmente da sua missão, de sucessor de S. Pedro, representante de Cristo na terra e pedra angular da Igreja, como ele mesmo recordava no encontro com os jovens no Estádio do Pacaembu: *"Viestes correndo de diversas regiões deste Continente para nosso encontro. Quereis ouvir, pela voz do Papa, as palavras do próprio Jesus".*

Na missa de canonização de Frei Galvão, o Papa agradecia a cobertura da mídia, como multiplicadora de seu acesso a todo o país e a cada um de nós: *"Alegro-me que através dos meios de comunicação, minhas palavras e as expressões do meu afeto possam entrar em cada casa e em cada coração. Tenham certeza: o Papa vos ama, e vos ama porque Jesus Cristo vos ama"*. A presente publicação das palavras do Papa no Brasil quer ser um novo eco, contribuindo para dar a conhecer a todos os brasileiros o carinho do Papa e o que espera de seus filhos brasileiros.

A herança da autoridade moral de João Paulo II não foi desperdiçada por Bento XVI. Tido como linha dura e ultraconservador, em face de ter sido o Prefeito da Sagrada Congregação para a Doutrina da Fé (antigo Santo Ofício), logo que se tornou Papa, seu modo acolhedor e simples de falar foi desfazendo preconceitos e ganhando todos os que o viam e ouviam. No Brasil, encantou também pelo seu português claro e quase sem sotaque.

A figura do Papa, como sucessor de S. Pedro é a da Pedra sobre a qual Cristo edificou a sua Igreja. Depositário da Revelação de Cristo sobre Deus, o Mundo e o Homem, cabe ao Papa, e à Igreja por ele dirigida, preservar e difundir o depósito da fé, em toda a sua integralidade, fazendo com que ilumine todos os tempos e circunstâncias da vida humana. Nesse sentido, a firmeza de Bento XVI na defesa dos valores fundantes da moral e da dignidade da pessoa humana é a mesma de seu venerável antecessor, o tão querido Papa João Paulo II, que tivemos a oportunidade de ver no Brasil nos anos de 1980, 1991 e 1997.

No próprio avião, na entrevista que concedeu ao batalhão de repórteres que acompanhava a comitiva papal, Bento XVI foi firme ao defender a vida em face do aborto, deixando claro que os bens em confronto — a vida por um lado e o bem-estar físico e psicológico de outro — não permitiam dúvida sobre qual o valor mais elevado a ser resguardado.

No encontro com os jovens no Estádio do Pacaembu, o Papa, partindo do relato do "jovem rico", que é chamado por Cristo a uma missão evangelizadora, e que sai triste, por não saber dizer generosamente que "sim" a Deus, pois possuía muitos bens, o Papa foi enfático: *"A Igreja precisa de vós, como jovens, para manifestar ao mundo o rosto de Jesus Cristo, que se desenha na comunidade. Sem o rosto jovem a Igreja se apresentaria desfigurada"*. Aos jovens, propunha o Papa um programa de vida, voltado ao encontro com Deus no trabalho e na família: *"Podeis ser protagonistas de uma sociedade nova se procurais pôr em prática uma vivência real inspirada nos valores morais universais, mas também um empenho pessoal de formação humana e espiritual de vital importância"*. (...) *"O Papa também espera que os jovens procurem santificar seu trabalho, fazendo-o com competência técnica e com laboriosidade, para contribuir ao progresso de todos os seus irmãos e para iluminar a luz do Verbo todas as atividades humanas"*. (...) *"Tende, sobretudo, um grande respeito pela instituição do Sacramento do Matrimônio. Não poderá haver verdadeira felicidade nos lares se, ao mesmo tempo, não houver fidelidade entre os esposos. O matrimônio é uma instituição de direito natural, que foi elevado por Cristo à dignidade de Sacramento; é um grande dom que Deus fez à *humanidade. Respeitai-vos, venerai-o. Ao mesmo tempo, Deus vos chama a respeitar-vos também no namoro e no noivado, pois a vida conjugal que, por disposição divina, está destinada aos casados é somente fonte de felicidade e de paz na medida em que souberdes fazer da castidade, dentro e fora do matrimônio, um baluarte das vossas esperanças futuras".*

Na canonização de Frei Galvão, ressaltou que a santidade não é um ideal para privilegiados, mas deve ser o ideal de todos os cristãos: o ideal da perfeição cristã, da excelência na prática das virtudes, qualquer que seja o estado em que se encontre a pessoa, religioso, casado, trabalhador: *"O mundo precisa de vidas limpas, de almas claras, de inteligências simples que rejeitem ser consideradas criaturas objeto de prazer. É preciso dizer não àqueles meios de comunicação social que ridicularizam a santidade do matrimônio e a virgindade antes do casamento".* (...) *"Queridos amigos, deixai-me concluir evocando a Vigília de Oração de Marienfeld na Alemanha: diante de uma multidão de jovens, quis definir os santos da nossa época como verdadeiros reformadores. E acrescentava: 'só dos Santos, só de Deus provém à verdadeira revolução, a mudança decisiva do mundo'. Este é o convite que faço hoje a todos vós, do primeiro ao último, nesta imensa eucaristia. Deus disse: 'Sede santos, como Eu sou santo'".*

Em Aparecida do Norte, ao inaugurar a V Conferência do Episcopado Latino-Americano e do Caribe, o Papa celebrou missa em que se congregaram coincidências muito particulares para nós, brasileiros, em país de colonização portuguesa: era o dia 13 de maio, comemorativo dos 90 anos da primeira aparição de Nossa Senhora de Fátima, também, nesse domingo, o Dia das Mães e no mês de maio, dedicado tradicionalmente a Nossa Senhora, Mãe por excelência, como "Theotokós" (Mãe de Deus).

Ao falar aos bispos, abrindo, a seguir, os trabalhos da Conferência Episcopal Latino-Americana, o Papa deixava claro que o papel da Igreja não é de resolver os problemas políticos e econômicos dos povos destas terras, mas iluminar com a mensagem de Cristo as inteligências e bem formar o laicado, este, sim, dedicado, por vocação própria, à condução dos destinos da sociedade, diante das opções válidas para a implementação do bem comum e progresso social e econômico.

Dizia o Papa, nessa ocasião: *"Este trabalho político não é competência imediata da Igreja. O respeito de uma sadia laicidade junto com a pluralidade das posições políticas é essencial na tradição cristã. Se a Igreja começar a se transformar diretamente em sujeito político, não faria mais pelos pobres e pela justiça, ao contrário, faria menos porque perderia a sua independência e a sua autoridade moral, identificando-se com uma única via política e com posições parciais opináveis. A Igreja é advogada da justiça e dos pobres, exatamente por não se identificar com os políticos nem com os interesses de partido".*

O tema central da Conferência Episcopal aberta pelo Papa era: *"Discípulos e missionários de Jesus Cristo, para que nele nossos povos tenham vida"*. Focando-o em seu âmago, o Papa dizia aos bispos no referido discurso, como em síntese: *"Discipulado e missão são como os dois lados de uma mesma medalha: quando o discípulo está apaixonado por Cristo, não pode deixar de anunciar ao mundo que somente Ele nos salva. Efetivamente, o discípulo sabe que sem Cristo não há luz, não existe esperança, não há amor e não existe futuro".*

Daí a necessidade de que a missão evangelizadora seja fruto da vida interior do cristão, nutrida fundamentalmente no "Pão da Palavra e no Pão da Eucaristia", ou seja, na formação doutrinal-religiosa ministrada na catequese em todos os níveis e na freqüência aos sacramentos: *"Eis por que a necessidade de dar prioridade, nos programas pastorais, à valorização da Missa dominical. Temos de motivar os cristãos para que participem nela ativamente e, se possível, melhor com a família".*

Essas palavras do Papa, recordando-nos os elementos essenciais de uma vida cristã coerente, como substrato para uma atuação profissional competente, eticamente correta, socialmente justa e pessoalmente feliz, especialmente quando dirigidas a um público específico, como é o do nosso país, merecem uma leitura mais pausada, uma meditação mais profunda e uma correspondência mais decidida.

Assim, a LTr, em comemoração dessa inesquecível visita de Bento XVI ao Brasil, publica o presente volume, em que se recolhem os principais pronunciamentos do Papa no Brasil durante esses 5 dias, que podem servir para nossa serena reflexão, como sua mensagem do que a Igreja e o Mundo esperam de seus filhos brasileiros, como semeadores de Paz, Alegria e Concórdia entre todos os homens.

Lembrando esses dias tão intensos de convivência com os brasileiros, o Papa dizia em despedida: *"Ao deixar esta terra abençoada do Brasil, eleva-se na minha alma um hino de ação de graças ao Altíssimo, que me permitiu viver aqui horas intensas e inesquecíveis, com o olhar dirigido à Senhora Aparecida que, do seu Santuário, presidiu o início da V Conferência Geral do Episcopado Latino-Americano e do Caribe. Na minha memória ficarão para sempre gravadas as manifestações de entusiasmo e de profunda piedade deste povo generoso da Terra da Santa Cruz que, junto à multidão de peregrinos provindos deste Continente da esperança, soube dar uma pujante demonstração de fé em Cristo e de amor pelo Sucessor de Pedro. Peço a Deus que ajude os responsáveis, seja no âmbito religioso quer no civil a imprimir um passo decisivo àquelas iniciativas, que todos esperam, pelo bem comum da grande Família Latino-Americana".*

Essas mesmas palavras poderíamos dirigir a Sua Santidade, agradecendo a Deus e também a ele por sua vinda ao Brasil, fortalecendo a fé de tantos brasileiros e deixando-nos uma lembrança inesquecível.

Armando Casimiro Costa
Ives Gandra da Silva Martins Filho

CERIMÔNIA DE BOAS-VINDAS

DISCURSO DO PAPA BENTO XVI

Aeroporto Internacional de São Paulo/Guarulhos
Quarta-feira, 9 de maio de 2007

Excelentíssimo Senhor Presidente da República
Senhores Cardeais e Venerados Irmãos no Episcopado
Queridos Irmãos e Irmãs em Cristo!

1. É para mim motivo de particular satisfação iniciar a minha Visita Pastoral ao Brasil e apresentar a Vossa Excelência, na sua qualidade de Chefe e representante supremo da grande Nação brasileira, os meus agradecimentos pela amável acolhida que me foi dispensada. Um agradecimento que estendo, com muito prazer, aos membros do Governo que acompanham Vossa Excelência, às personalidades civis e militares aqui reunidas e às autoridades do Estado de São Paulo. Nas palavras de boas-vindas a mim dirigidas, sinto ecoar, Senhor Presidente, os sentimentos de carinho e amor de todo o Povo brasileiro para com o Sucessor do Apóstolo Pedro.

Saúdo fraternalmente no Senhor os meus queridos Irmãos no Episcopado que aqui vieram para me receber em nome da Igreja que está no Brasil. Saúdo igualmente os sacerdotes, os religiosos e as religiosas, os seminaristas e os leigos comprometidos com a obra de evangelização da Igreja e com o testemunho de uma vida autenticamente cristã. Enfim, dirijo a minha afetuosa saudação a todos os brasileiros sem distinção, homens e mulheres, famílias, anciãos, enfermos, jovens e crianças. A todos digo de coração: Muito obrigado pela vossa generosa hospitalidade!

2. O Brasil ocupa um lugar muito especial no coração do Papa não somente porque nasceu cristão e possui hoje o mais alto número de católicos, mas, sobretudo porque é uma nação rica de potencialidades com uma presença eclesial que é motivo de alegria e esperança para toda a Igreja. A minha visita, Senhor Presidente, tem um objetivo que ultrapassa as fronteiras nacionais: venho para presidir, em Aparecida, a sessão de abertura da V (Quinta) Conferência Geral do Episcopado Latino-americano e Caribenho. Por uma providencial manifestação da bondade do Criador, este País deverá servir de berço para as propostas eclesiais que, Deus queira, poderão dar um novo vigor e impulso missionário a este Continente.

3. Nesta área geográfica os católicos são a maioria: isto significa que eles devem contribuir de modo particular ao serviço do bem comum desta Nação. A solidariedade será, sem dúvida, palavra cheia de conteúdo quando as forças vivas da sociedade, cada qual dentro do seu próprio âmbito, se empenharem seriamente para construir um futuro de paz e de esperança para todos.

A Igreja Católica — como coloquei em evidência na Encíclica *Deus caritas est* — "transformada pela força do Espírito é chamada para ser, no mundo, testemunha do amor do Pai, que quer fazer da humanidade uma única família, em seu Filho" (cf. 19). Daí o seu profundo compromisso com a missão evangelizadora, a serviço da causa da paz e da justiça. A decisão, portanto, de realizar uma Conferência essencialmente missionária, bem reflete a preocupação do episcopado, e não menos a minha, de procurar caminhos adequados para que, em Jesus Cristo, os "nossos povos tenham vida", como reza o tema da Conferência. Com esses sentimentos, quero olhar para além das fronteiras deste País e saudar todos os povos da América Latina e do Caribe desejando, com as palavras do Apóstolo, "Que a paz esteja com todos vós que estais em Cristo" (*1Pt* 5,14).

4. Sou grato, Senhor Presidente, à Divina Providência que me concede a graça de visitar o Brasil, um País de grande tradição católica. Já tive a oportunidade de referir o motivo principal da minha viagem que tem um alcance latino-americano e um caráter essencialmente religioso.

Estou muito feliz por poder passar alguns dias com os brasileiros. Sei que a alma deste Povo, bem como de toda a América Latina, conserva valores radicalmente cristãos que jamais serão cancelados. E estou certo que em Aparecida, durante a Conferência Geral do Episcopado, será reforçada tal identidade, ao promover o respeito pela vida, desde a sua concepção até o seu natural declínio, como exigência própria da natureza humana; fará também da promoção da pessoa humana o eixo da solidariedade, especialmente com os pobres e desamparados.

A Igreja quer apenas indicar os valores morais de cada situação e formar os cidadãos para que possam decidir consciente e livremente; neste sentido, não deixará de insistir no empenho que deverá ser dado para assegurar o fortalecimento da família — como célula mãe da sociedade; da juventude — cuja formação constitui um fator decisivo para o futuro de uma Nação — e, finalmente, mas não por último, defendendo e promovendo os valores subjacentes em todos os segmentos da sociedade, especialmente dos povos indígenas.

5. Com estes auspícios, ao renovar os meus agradecimentos pela calorosa acolhida que, como Sucessor de Pedro, sou objeto, invoco a proteção materna de Nossa Senhora da Conceição Aparecida, evocada também como *Nuestra Señora de Guadalupe*, Padroeira das Américas, para que proteja e inspire os governantes na árdua tarefa de serem promotores do bem comum, reforçando os laços de fraternidade cristã para o bem de todos os seus cidadãos. Deus abençoe a América Latina! Deus abençoe o Brasil! Muito obrigado.

ENCONTRO COM OS JOVENS

DISCURSO DO PAPA BENTO XVI

Estádio Municipal do Pacaembu, São Paulo
Quinta-feira, 10 maio de 2007

Queridos jovens! Queridos amigos e amigas!

«*Se queres ser perfeito, vai, vende os teus bens, dá o dinheiro aos pobres [...] Depois, vem e segue-me*» (Mt 19,21).

1. Desejei ardentemente encontrar-me convosco nesta minha primeira viagem à América Latina. Vim para abrir a V Conferência do Episcopado Latino-americano que, por meu desejo, vai realizar-se em Aparecida, aqui no Brasil, no Santuário de Nossa Senhora. Ela nos coloca aos pés de Jesus para aprendermos suas lições sobre o Reino e impulsionar-nos a ser seus missionários, para que os povos deste "Continente da Esperança" tenham, n'Ele, vida plena.

Os vossos Bispos do Brasil, na sua Assembléia Geral do ano passado, refletiram sobre o tema da evangelização da juventude e colocaram em vossas mãos um documento. Pediram que fosse acolhido e aperfeiçoado por vós durante todo o ano. Nesta última Assembléia retomaram o assunto, enriquecido com vossa colaboração, e desejam que as reflexões feitas e as orientações propostas sirvam como incentivo e farol para vossa caminhada. As palavras do Arcebispo de São Paulo e do encarregado da Pastoral da Juventude, as quais agradeço, bem atestam o espírito que move a todos vocês.

Ontem pela tarde, ao sobrevoar o território brasileiro, pensava já neste nosso encontro no Estádio do Pacaembu, com o desejo de dar um grande abraço bem brasileiro a todos vós, e manifestar os sentimentos que levo no íntimo do coração e que, bem a propósito, o Evangelho de hoje nos quis indicar.

Sempre experimentei uma alegria muito especial nestes encontros. Lembro-me particularmente da *Vigésima Jornada Mundial da Juventude*, que tive a ocasião de presidir há dois anos atrás na Alemanha. Alguns dos que estão aqui também lá estiveram! É uma lembrança comovedora, pelos abundantes frutos da graça enviados pelo Senhor. E não resta a menor dúvida que o primeiro fruto, dentre muitos, que pude constatar foi o da fraternidade exemplar havida entre todos, como demonstração evidente da perene vitalidade da Igreja por todo o mundo.

2. Pois bem, caros amigos, estou certo de que hoje se renovam as mesmas impressões daquele meu encontro na Alemanha. Em 1991, o Servo de Deus o Papa João Paulo II, de venerada memória, dizia, na sua passagem pelo Mato Grosso, que os "jovens são os primeiros protagonistas do terceiro milênio [...] são vocês que vão traçar os rumos desta nova etapa da humanidade" (*Discurso* 16.10.1991). Hoje, sinto-me movido a fazer-lhes idêntica observação.

O Senhor aprecia, sem dúvida, vossa vivência cristã nas numerosas comunidades paroquiais e nas pequenas comunidades eclesiais, nas Universidades, Colégios e Escolas e, especialmente, nas ruas e nos ambientes de trabalho das cidades e dos campos. Trata-se, porém, de ir adiante. Nunca podemos dizer basta, pois a caridade de Deus é infinita e o Senhor nos pede, ou melhor, nos exige dilatar nossos corações para que neles caiba sempre mais amor, mais bondade, mais compreensão pelos nossos semelhantes e pelos problemas que envolvem não só a convivência humana, mas também a efetiva preservação e conservação da natureza, da qual todos fazem parte. "Nossos bosques têm mais vida": não deixeis que se apague esta chama de esperança que o vosso Hino Nacional põe em vossos lábios. A devastação ambiental da Amazônia e as ameaças à dignidade humana de suas populações requerem um maior compromisso nos mais diversos espaços de ação que a sociedade vem solicitando.

3. Hoje quero convosco refletir sobre o texto de São Mateus (19, 16-22), que acabamos de ouvir. Fala de um jovem. Ele veio correndo ao encontro de Jesus. Merece destaque a sua ânsia. Neste jovem vejo a todos vós, jovens do Brasil e da América Latina. Viestes correndo de diversas regiões deste Continente para nosso encontro. Quereis ouvir, pela voz do Papa, as palavras do próprio Jesus.

Tendes uma pergunta crucial, referida no Evangelho, a Lhe fazer. É a mesma do jovem que veio correndo ao encontro com Jesus: *o que fazer para alcançar a vida eterna*? Gostaria de aprofundar convosco esta pergunta. Trata-se da vida. A vida que, em vós, é exuberante e bela. O que fazer dela? Como vivê-la plenamente?

Logo entendemos, na formulação da própria pergunta, que não basta o aqui e agora, ou seja, nós não conseguimos delimitar nossa vida ao espaço e ao tempo, por mais que pretendamos estender seus horizontes. A vida os transcende. Em outras palavras, queremos viver e não morrer. Sentimos que algo nos revela que a vida é eterna e que é necessário empenhar-se para que isto aconteça. Em outras palavras, ela está em nossas mãos e depende, de algum modo, da nossa decisão.

A pergunta do Evangelho não contempla apenas o futuro. Não trata apenas de uma questão sobre o que acontecerá após a morte. Há, ao contrário, um compromisso com o presente, aqui e agora, que deve garantir autenticidade e conseqüentemente o futuro. Numa palavra, a pergunta questiona o sentido da vida. Pode por isso ser formulada assim: que devo fazer para que minha vida tenha sentido? Ou seja: como devo viver para colher plenamente os frutos da vida? Ou ainda: que devo fazer para que minha vida não transcorra inutilmente?

Jesus é o único capaz de nos dar uma resposta, porque é o único que nos pode garantir vida eterna. Por isso também é o único que consegue mostrar o sentido da vida presente e dar-lhe um conteúdo de plenitude.

4. Antes, porém, de dar sua resposta, Jesus questiona a pergunta do jovem num aspecto muito importante: por que me chamas de bom? Nesta pergunta se encontra a chave da resposta. Aquele jovem percebeu que Jesus é bom e que é mestre. Um mestre que não engana. Nós estamos aqui porque temos esta mesma convicção: Jesus é bom. Podemos não saber dar toda a razão desta percepção, mas é certo que ela nos aproxima dele e nos abre ao seu ensinamento: um mestre bom. Quem reconhece o bem é sinal que ama. E quem ama, na feliz expressão de São João, conhece Deus (cf. *1Jo* 4,7). O jovem do Evangelho teve uma percepção de Deus em Jesus Cristo.

Jesus nos garante que só Deus é bom. Estar aberto à bondade significa acolher Deus. Assim Ele nos convida a ver Deus em todas as coisas e em todos os acontecimentos, mesmo lá onde a maioria só vê a ausência de Deus. Vendo a beleza das criaturas e constatando a bondade presente em todas elas, é impossível não crer em Deus e não fazer uma experiência de sua presença salvífica e consoladora. Se nós conseguíssemos ver todo o bem que existe no mundo e, ainda mais, experimentar o bem que provém do próprio Deus, não cessaríamos jamais de nos aproximar dele, de O louvar e Lhe agradecer. Ele continuamente nos enche de alegria e de bens. Sua alegria é nossa força.

Mas nós não conhecemos senão de forma parcial. Para perceber o bem necessitamos de auxílios, que a Igreja nos proporciona em muitas oportunidades, principalmente pela catequese. Jesus mesmo explicita o que é bom para nós, dando-nos sua primeira *catequese*. «*Se queres entrar na vida, observa os mandamentos*» (*Mt* 19,17). Ele parte do conhecimento que o jovem já obteve certamente de sua família e da Sinagoga: de fato, ele conhece os mandamentos. Eles conduzem à vida, o que equivale a dizer que eles nos garantem autenticidade. São as grandes balizas a nos apontarem o caminho certo. Quem observa os mandamentos está no caminho de Deus.

Não basta conhecê-los. O testemunho vale mais que a ciência, ou seja, é a própria ciência aplicada. Não são impostos de fora, nem diminuem nossa liberdade. Pelo contrário: constituem impulsos internos vigorosos, que nos levam a agir nesta direção. Na sua base está a graça e a natureza, que não nos deixam parados. Precisamos caminhar. Somos impelidos a fazer algo para nos realizarmos a nós mesmos. Realizar-se, através da ação, na verdade, é tornar-se real. Nós somos, em grande parte, a partir de nossa juventude, o que nós queremos ser. Somos, por assim dizer, obra de nossas mãos.

5. Nesta altura volto-me, de novo, para vós, jovens, querendo ouvir também de vós a resposta do jovem do Evangelho: tudo isto tenho observado desde a minha juventude. O jovem do Evangelho era bom. Observava os mandamentos. Estava, pois no caminho de Deus. Por isso Jesus fitou-o com amor. Ao reconhecer que Jesus era bom, testemunhou que também ele era bom. Tinha uma experiência da bondade e por isso,

de Deus. E vós, jovens do Brasil e da América Latina? Já descobristes o que é bom? Seguis os mandamentos do Senhor? Descobristes que este é o verdadeiro e único caminho para a felicidade?

Os anos que vós estais vivendo são os anos que preparam o vosso futuro. O "amanhã" depende muito de como estais vivendo o "hoje" da juventude. Diante dos olhos, meus queridos jovens, tendes uma vida que desejamos seja longa; mas é uma só, é única: não a deixeis passar em vão, não a desperdiceis. Vivei com entusiasmo, com alegria, mas, sobretudo, com senso de responsabilidade.

Muitas vezes sentimos trepidar nossos corações de pastores, constatando a situação de nosso tempo. Ouvimos falar dos medos da juventude de hoje. Revelam-nos um enorme déficit de esperança: medo de morrer, num momento em que a vida está desabrochando e procura encontrar o próprio caminho da realização; medo de sobrar, por não descobrir o sentido da vida; e medo de ficar desconectado diante da estonteante rapidez dos acontecimentos e das comunicações. Registramos o alto índice de mortes entre os jovens, a ameaça da violência, a deplorável proliferação das drogas que sacode até a raiz mais profunda a juventude de hoje. Fala-se por isso, seguidamente, de uma juventude perdida.

Mas olhando para vós, jovens aqui presentes, que irradiais alegria e entusiasmo, assumo o olhar de Jesus: um olhar de amor e confiança, na certeza de que vós encontrastes o verdadeiro caminho. Sois jovens da Igreja. Por isso Eu vos envio para a grande missão de evangelizar os jovens e as jovens, que andam por este mundo errantes, como ovelhas sem pastor. *Sede os apóstolos dos jovens.* Convidai-os para que venham convosco, façam a mesma experiência de fé, de esperança e de amor; encontre-se com Jesus, para se sentirem realmente amados, acolhidos, com plena possibilidade de realizar-se. Que também eles e elas descubram os caminhos seguros dos Mandamentos e por eles cheguem até Deus.

Podeis ser protagonistas de uma sociedade nova se procurais pôr em prática uma vivência real inspirada nos valores morais universais, mas também um empenho pessoal de formação humana e espiritual de vital importância. Um homem ou uma mulher despreparados para os desafios reais de uma correta interpretação da vida cristã do seu meio ambiente será presa fácil a todos os assaltos do materialismo e do laicismo, sempre mais atuantes em todos os níveis.

Sede homens e mulheres livres e responsáveis; fazei da família um foco irradiador de paz e de alegria; sede promotores da vida, do início ao seu natural declínio; amparai os anciãos, pois eles merecem respeito e admiração pelo bem que vos fizeram. O Papa também espera que os jovens procurem santificar seu trabalho, fazendo-o com competência técnica e com laboriosidade, para contribuir ao progresso de todos os seus irmãos e para iluminar com a luz do Verbo todas as atividades humanas (cf. *Lumen Gentium*, n. 36). Mas, sobretudo, o Papa espera que saibam ser protagonistas de uma sociedade mais justa e mais fraterna, cumprindo as obrigações frente ao Estado: respeitando as suas leis; não se deixando levar pelo ódio e pela violência; sendo exemplo de conduta cristã no ambiente profissional e social, distinguindo-se pela honestidade nas relações sociais e profissionais. Tenham em conta que a ambição desmedida de riqueza e de poder leva à corrupção pessoal e alheia; não existem motivos para fazer prevalecer as próprias aspirações humanas, sejam elas econômicas ou políticas, com a fraude e o engano.

Definitivamente, existe um imenso panorama de ação no qual as questões de ordem social, econômica e política ganham um particular relevo, sempre que haurirem sua fonte de inspiração no Evangelho e na Doutrina Social da Igreja. A construção de uma sociedade mais justa e solidária, reconciliada e pacífica; a contenção da violência e as iniciativas que promovam a vida plena, a ordem democrática e o bem comum e, especialmente, aquelas que visem eliminar certas discriminações existentes nas sociedades latino-americanas e não são motivos de exclusão, mas de recíproco enriquecimento.

Tende, sobretudo, um grande respeito pela instituição do Sacramento do Matrimônio. Não poderá haver verdadeira felicidade nos lares se, ao mesmo tempo, não houver fidelidade entre os esposos. O matrimônio é uma instituição de direito natural, que foi elevado por Cristo à dignidade de Sacramento; é um grande dom que Deus fez à humanidade. Respeitai-o, venerai-o. Ao mesmo tempo, Deus vos chama a respeitar-vos também no namoro e no noivado, pois a vida conjugal que, por disposição divina, está destinada aos casados é somente fonte de felicidade e de paz na medida em que souberdes fazer da castidade, dentro e fora do matrimônio, um baluarte das vossas esperanças futuras. Repito aqui para todos vós que «o *eros* quer nos conduzir para além de nós próprios, para Deus, mas por isso mesmo requer um caminho de ascese, renúncias, purificações e saneamentos» (Carta encl. *Deus caritas est*, (25.12.2005), n. 5). Em poucas palavras, requer espírito de sacrifício e de renúncia por um bem maior, que é precisamente o amor de Deus sobre todas as coisas. Procurai resistir com fortaleza às insídias do mal existente em muitos ambientes, que vos leva a uma vida dissoluta, paradoxalmente vazia, ao fazer perder o bem precioso da vossa liberdade e da vossa verdadeira felicidade. O amor verdadeiro "procurará sempre mais a felicidade do outro, preocupar-se-á cada vez mais dele, doar-se-á e desejará existir para o outro" (*Ib.* n. 7) e, por isso, será sempre mais fiel, indissolúvel e fecundo.

Para isso, contais com a ajuda de Jesus Cristo que, com a sua graça, fará isto possível (cf. *Mt* 19,26). A vida de fé e de oração vos conduzirá pelos caminhos da intimidade com Deus, e de compreensão da grandeza dos planos que Ele tem para cada um. "Por amor do reino dos céus" (*ib.*, 12), alguns são chamados a uma entrega total e definitiva, para consagrar-se a Deus na vida religiosa, *"exímio dom da graça"*, como foi definido pelo Concílio Vaticano II (Decr. *Perfectae caritatis*, n.12). Os consagrados que se entregam totalmente a Deus, sob a moção do Espírito Santo, participam na missão de Igreja, testemunhando a esperança no Reino celeste entre todos os homens. Por isso, abençôo e invoco a proteção divina a todos os religiosos que dentro da seara do Senhor se dedicam a Cristo e aos irmãos. As pessoas consagradas merecem, verdadeiramente, a gratidão da comunidade eclesial: monges e monjas, contemplativos e contemplativas, religiosos e religiosas dedicados às obras de apostolado, membros de institutos seculares e das sociedades de vida apostólica, eremitas e virgens consagradas. "A sua existência dá testemunho do amor a Cristo quando eles se encaminham pelo seu seguimento, tal como este se propõe no Evangelho e, com íntima alegria, assumem o mesmo estilo de vida que Ele escolheu para Si" (Congr. para os Inst. de Vida Consagrada e as Sociedades de Vida Apostólica: Instr. *Partir de Cristo*, n. 5). Faço votos de que, neste momento de graça e de profunda comunhão em Cristo, o Espírito Santo desperte no coração de tantos jovens um amor apaixonado no seguimento e imitação de Jesus Cristo casto, pobre e obediente, voltado completamente à glória do Pai e ao amor dos irmãos e irmãs.

6. O Evangelho nos assegura que aquele jovem, que veio correndo ao encontro de Jesus, era muito rico. Entendemos esta riqueza não apenas no plano material. A própria juventude é uma riqueza singular. É preciso descobri-la e valorizá-la. Jesus lhe deu tal valor que convidou esse jovem para participar de sua missão de salvação. Tinha todas as condições para uma grande realização e uma grande obra.

Mas o Evangelho nos refere que esse jovem se entristeceu com o convite. Foi embora abatido e triste. Este episódio nos faz refletir mais uma vez sobre a riqueza da juventude. Não se trata, em primeiro lugar, de bens materiais, mas da própria vida, com os valores inerentes à juventude. Provém de uma dupla herança: a vida, transmitida de geração em geração, em cuja origem primeira está Deus, cheio de sabedoria e de amor; e a educação que nos insere na cultura, a tal ponto que, em certo sentido, podemos dizer que somos mais filhos da cultura e por isso da fé, do que da natureza. Da vida brota a liberdade que, sobretudo nesta fase se manifesta como responsabilidade. E o grande momento da decisão, numa dupla opção: uma quanto ao estado de vida e outra quanto à profissão. Responde à questão: que fazer com a vida?

Em outras palavras, a juventude se afigura como uma riqueza porque leva à descoberta da vida como um dom e como uma tarefa. O jovem do Evangelho percebeu a riqueza de sua juventude. Foi até Jesus, o Bom Mestre, para buscar uma orientação. Mas na hora da grande opção não teve coragem de apostar tudo em Jesus Cristo. Conseqüentemente saiu dali triste e abatido. É o que acontece todas as vezes que nossas decisões fraquejam e se tornam mesquinhas e interesseiras. Sentiu que faltou generosidade, o que não lhe permitiu uma realização plena. Fechou-se sobre sua riqueza, tornando-a egoísta.

Jesus ressentiu-se com a tristeza e a mesquinhez do jovem que o viera procurar. Os Apóstolos, como todos e todas vós hoje, preenchem esta lacuna deixada por aquele jovem que se retirou triste e abatido. Eles e nós estamos alegres porque sabemos em quem acreditamos (2 *Tim* 1,12). Sabemos e testemunhamos com nossa própria vida que só Ele tem palavras de vida eterna (*Jo* 6,68). Por isso, com São Paulo, podemos exclamar: alegrai-vos sempre no Senhor (*Fil* 4,4).

7. Meu apelo de hoje, a vós jovens, que viestes a este encontro, é que *não desperdiceis vossa juventude*. Não tenteis fugir dela. Vivei-a intensamente. Consagrai-a aos elevados ideais da fé e da solidariedade humana.

Vós, jovens, não sois apenas o futuro da Igreja e da humanidade, como uma espécie de fuga do presente. Pelo contrário: vós sois o presente jovem da Igreja e da humanidade. Sois seu rosto jovem. A Igreja precisa de vós, como jovens, para manifestar ao mundo o rosto de Jesus Cristo, que se desenha na comunidade cristã. Sem o rosto jovem a Igreja se apresentaria desfigurada.

"Queridos jóvenes, dentro de poco inauguraré la Quinta Conferencia del Episcopado Latinoamericano. Os pido que sigáis con atención sus trabajos; que participéis en sus debates; que recéis por sus frutos. Como ocurrió con las Conferencias anteriores, también ésta marcará de modo significativo los próximos diez años de Evangelización en América Latina y en el Caribe. Nadie debe quedar al margen o permanecer indiferente ante este esfuerzo de la Iglesia, y mucho menos los jóvenes. Vosotros con todo derecho formáis parte de la Iglesia, la cual representa el rostro de Jesucristo para América Latina y el Caribe.

Je salue les francophones qui vivent sur le Continent latino-américain, les invitant à être des témoins de l'Évangile et des acteurs de la vie ecclésiale. Ma prière vous rejoint tout particulièrement, vous les jeunes, vous êtes appelés à construire votre vie sur le Christ et sur les valeurs humaines fondamentales. Que tous se sentent invités à collaborer pour édifier un monde de justice et de paix.

Dear young friends, like the young man in the Gospel, who asked Jesus "what must I do to have eternal life?", all of you are searching for ways of responding generously to God's call. I pray that you may hear his saving word and become his witnesses to the people of today. May God pour out upon all of you his blessings of peace and joy".

Queridos jovens, Cristo vos chama a serem santos. Ele mesmo vos convoca e quer andar convosco, para animar com Seu espírito os passos do Brasil neste início do terceiro milênio da era cristã. Peço à Senhora Aparecida que vos conduza, com seu auxílio materno e vos acompanhe ao longo da vida.

Louvado seja Nosso Senhor Jesus Cristo!

SANTA MISSA E CANONIZAÇÃO DE FREI ANTÔNIO DE SANT'ANNA GALVÃO, OFM

HOMILIA DE SUA SANTIDADE BENTO XVI

Aeroporto "Campo de Marte", São Paulo
Sexta-feira, 11 de Maio de 2007

Senhores Cardeais
Senhor Arcebispo de São Paulo
e Bispos do Brasil e da América Latina
Distintas autoridades
Irmãs e Irmãos em Cristo,

«Bendirei continuamente ao Senhor / seu louvor não deixará meus lábios» [Sl 33,2]

1. Alegremos-nos no Senhor, neste dia em que contemplamos outra das maravilhas de Deus que, por sua admirável providência, nos permite saborear um vestígio da sua presença, neste ato de entrega de Amor representado no Santo Sacrifício do Altar.

Sim, não deixemos de louvar ao nosso Deus. Louvemos todos nós, povos do Brasil e da América, cantemos ao Senhor as suas maravilhas, porque fez em nós grandes coisas. Hoje, a Divina sabedoria permite que nos encontremos ao redor do seu altar em ato de louvor e de agradecimento por nos ter concedido a graça da Canonização do Frei Antônio de Sant'Ana Galvão.

Quero agradecer as carinhosas palavras do Arcebispo de São Paulo, D. Odilo Scherer, que foi a voz de todos vós, e a atenção do seu predecessor, o Cardeal Cláudio Hummes, que com tanto esmero empenhou-se pela causa do Frei Galvão. Agradeço a presença de cada um e de cada uma, quer sejam moradores desta grande cidade ou vindos de outras cidades e nações. Alegro-me que através dos meios de comunicação, minhas palavras e as expressões do meu afeto possam entrar em cada casa e em cada coração. Tenham certeza: o Papa vos ama, e vos ama porque Jesus Cristo vos ama.

Nesta solene celebração eucarística foi proclamado o Evangelho no qual Cristo, em atitude de grande enlevo, proclama: «*Eu te bendigo, Pai, Senhor do céu e da terra, porque escondeste estas coisas aos sábios e entendidos e as revelaste aos pequenos*» (*Mt* 11,25). Por isso, sinto-me feliz porque a elevação do Frei Galvão aos altares ficará para sempre emoldurada na liturgia que hoje a Igreja nos oferece.

Saúdo com afeto, a toda a comunidade franciscana e, de modo especial às monjas concepcionistas que, do Mosteiro da Luz, da Capital paulista, irradiam a espiritualidade e o carisma do primeiro brasileiro elevado à glória dos altares.

2. Demos graças a Deus pelos contínuos benefícios alcançados pelo poderoso influxo evangelizador que o Espírito Santo imprimiu em tantas almas através do Frei Galvão. O carisma franciscano, evangelicamente vivido, produziu frutos significativos através do seu testemunho de fervoroso adorador da Eucaristia, de prudente e sábio orientador das almas que o procuravam e de grande devoto da Imaculada Conceição de Maria, de quem ele se considerava 'filho e perpétuo escravo'.

Deus vem ao nosso encontro, "procura conquistar-nos — até à Última Ceia, até ao Coração trespassado na cruz, até as aparições e as grandes obras pelas quais Ele, através da ação dos Apóstolos, guiou o caminho da Igreja nascente" (Carta encl. *Deus caritas est*, 17). Ele se revela através da sua Palavra, nos Sacramentos, especialmente da *Eucaristia*. Por isso, a vida da Igreja é essencialmente eucarística. O Senhor, na sua amorosa providência deixou-nos um sinal visível da sua presença.

Quando contemplarmos na Santa Missa o Senhor, levantado no alto pelo sacerdote, depois da Consagração do pão e do vinho, ou o adorarmos com devoção exposto no Ostensório renovemos com profunda humildade nossa fé, como fazia Frei Galvão em "*laus perennis*", em atitude constante de adoração. Na Sagrada Eucaristia está contido todo o bem espiritual da Igreja, ou seja, o mesmo Cristo, nossa Páscoa, o Pão vivo que desceu do Céu vivificado pelo Espírito Santo e vivificante porque dá Vida aos homens. Esta misteriosa e inefável manifestação do amor de Deus pela humanidade ocupa um lugar privilegiado no coração dos cristãos. Eles devem poder conhecer a fé da Igreja, através dos seus ministros ordenados, pela exemplaridade com que estes cumprem os ritos prescritos que estão sempre a indicar na liturgia eucarística o cerne de toda obra de evangelização. Por sua vez, os fiéis devem procurar receber e reverenciar o Santíssimo Sacramento com piedade e devoção, querendo acolher ao Senhor Jesus com fé e sempre, quando necessário, sabendo recorrer ao Sacramento da reconciliação para purificar a alma de todo pecado grave.

3. Significativo é o exemplo do Frei Galvão pela sua disponibilidade para servir o povo sempre quando era solicitado. Conselheiro de fama, pacificador das almas e das famílias, dispensador da caridade especialmente dos pobres e dos enfermos. Muito procurado para as confissões, pois era zeloso, sábio e prudente. Uma característica de quem ama de verdade é não querer que o Amado seja ofendido, por isso a conversão dos pecadores era a grande paixão do nosso Santo. A Irmã Helena Maria, que foi a primeira *"recolhida"* destinada a dar início ao *"Recolhimento de Nossa Senhora da Conceição"*, testemunhou aquilo que Frei Galvão disse: *"Rezai para que Deus Nosso Senhor levante os pecadores com o seu potente braço do abismo miserável das culpas em que se encontram"*. Possa essa delicada advertência servir-nos de estímulo para reconhecer na misericórdia divina o caminho para a reconciliação com Deus e com o próximo e para a paz das nossas consciências.

4. Unidos em comunhão suprema com o Senhor na Eucaristia e reconciliados com Deus e com o nosso próximo, seremos portadores daquela paz que o mundo não pode dar. Poderão os homens e as mulheres deste mundo encontrar a paz se não se conscientizarem acerca da necessidade de se reconciliarem com Deus, com o próximo e consigo mesmo? De elevado significado foi, neste sentido, aquilo que a Câmara do Senado de São Paulo escreveu ao Ministro Provincial dos Franciscanos no final do século XVIII, definindo Frei Galvão como "homem de paz e de caridade". Que nos pede o Senhor?: «*Amai-vos uns aos outros como eu* *vos amo»*. Mas logo a seguir acrescenta: que «*deis fruto e o vosso fruto permaneça*» (cf. *Jo* 15, 12.16). E que fruto nos pede Ele, senão que saibamos amar, inspirando-nos no exemplo do Santo de Guaratinguetá?

A fama da sua imensa caridade não tinha limites. Pessoas de toda a geografia nacional iam ver Frei Galvão que a todos acolhia paternalmente. Eram pobres, doentes no corpo e no espírito que lhe imploravam ajuda.

Jesus abre o seu coração e nos revela o fulcro de toda a sua mensagem redentora: «*Ninguém tem maior amor do que aquele que dá a vida por seus amigos*» (*ib*.v.13). Ele mesmo amou até entregar sua vida por nós sobre a Cruz. Também a ação da Igreja e dos cristãos na sociedade deve possuir esta mesma inspiração. As pastorais sociais se forem orientadas para o bem dos pobres e dos enfermos, levam em si mesmas este sigilo divino. O Senhor conta conosco e nos chama amigos, pois só aos que se ama desta maneira, se é capaz de dar a vida proporcionada por Jesus com sua graça.

Como sabemos a V Conferência Geral do Episcopado Latino-Americano terá como tema básico: "*Discípulos e missionários de Jesus Cristo, para que nele nossos povos tenham vida*". Como não ver então a necessidade de acudir com renovado ardor à chamada, a fim de responder generosamente aos desafios que a Igreja no Brasil e na América Latina está chamada a enfrentar?

5. «*Vinde a mim, vós todos que estais aflitos sob o fardo, e eu vos aliviarei*», diz o Senhor no Evangelho, (*Mt* 11,28). Esta é a recomendação final que o Senhor nos dirige. Como não ver aqui este sentimento paterno e, ao mesmo tempo materno, de Deus por todos os seus filhos? Maria, a Mãe de Deus e Mãe nossa, se encontra particularmente ligada a nós neste momento. Frei Galvão assumiu com voz profética a verdade da *Imaculada Conceição*. Ela, a *Tota Pulchra*, a Virgem Puríssima, que concebeu em seu seio o Redentor dos homens e foi preservada de toda mancha original, quer ser o sigilo definitivo do nosso encontro com Deus, nosso Salvador. Não há fruto da graça na história da salvação que não tenha como instrumento necessário à mediação de Nossa Senhora.

De fato, este nosso Santo entregou-se de modo irrevocável à Mãe de Jesus desde a sua juventude, querendo pertencer-lhe para sempre e escolhendo a Virgem Maria como Mãe e Protetora das suas filhas espirituais.

Queridos amigos e amigas, que belo exemplo a seguir deixou-nos Frei Galvão! Como soam atuais para nós, que vivemos numa época tão cheia de hedonismo, as palavras que aparecem na Cédula de consagração da sua castidade: *"tirai-me antes a vida que ofender o vosso bendito Filho, meu Senhor"*. São palavras fortes, de uma alma apaixonada, que deveriam fazer parte da vida normal de cada cristão, seja ele consagrado ou não, e que despertam desejos de fidelidade a Deus dentro ou fora do matrimônio. O mundo precisa de vidas limpas, de almas claras, de inteligências simples que rejeitem ser consideradas criaturas objeto de prazer. É preciso dizer não àqueles meios de comunicação social que ridicularizam a santidade do matrimônio e a virgindade antes do casamento.

É neste momento que teremos em Nossa Senhora a melhor defesa contra os males que afligem a vida moderna; a devoção Mariana é garantia certa de proteção maternal e de amparo na hora da tentação. Não será esta misteriosa presença da Virgem Puríssima, quando invocarmos proteção e auxílio à Senhora Aparecida? Vamos depositar em suas mãos santíssimas a vida dos sacerdotes e leigos consagrados, dos seminaristas e de todos os vocacionados para a vida religiosa.

6. Queridos amigos, deixai-me concluir evocando a Vigília de Oração de *Marienfeld* na Alemanha: diante de uma multidão de jovens, quis definir os santos da nossa época como verdadeiros reformadores. E acrescentava: "só dos Santos, só de Deus provém a verdadeira revolução, a mudança decisiva do mundo" (*Homilia*, 20.8.2005). Este é o convite que faço hoje a todos vós, do primeiro ao último, nesta imensa Eucaristia. Deus disse: «Sede santos, como Eu sou santo» (*Lv* 11,44). Agradeçamos a Deus Pai, a Deus Filho, a Deus Espírito Santo, dos quais nos vêm, por intercessão da Virgem Maria, todas as bênçãos do céu; este dom que, juntamente com a fé é a maior graça que o Senhor pode conceder a uma criatura: o firme anseio de alcançar a plenitude da caridade, na convicção de que não só é possível como também necessária à santidade, cada qual no seu estado de vida, para revelar ao mundo o verdadeiro rosto de Cristo, nosso amigo! Amém!

ENCONTRO E CELEBRAÇÃO DAS VÉSPERAS COM OS BISPOS DO BRASIL

DISCURSO DO PAPA BENTO XVI

Catedral da Sé, São Paulo
Sexta-feira, 11 de maio de 2007

Amados irmãos no Episcopado,

«O Filho de Deus aprendeu a obediência por meio dos sofrimentos que teve. Tendo chegado à perfeição, tornou-se causa de eterna salvação para todos os que lhe obedecem» (cf. Hb 5,8-9).

1. O texto que acabamos de ouvir na Leitura Breve das Vésperas de hoje contém um ensinamento profundo. Também neste caso constatamos como a Palavra de Deus é viva e mais penetrante do que uma espada de dois gumes, chega até à juntura da alma, reconfortando-a, estimulando os seus fiéis servidores (cf. Hb 4,12).

Agradeço a Deus por ter permitido encontrar-me com um Episcopado de prestígio, que está à frente de uma das mais numerosas populações católicas do mundo. Eu vos saúdo com sentimentos de profunda comunhão e de afeto sincero, bem conhecendo a dedicação com que seguis as comunidades que vos foram confiadas. A calorosa acolhida do Senhor Pároco da Catedral da Sé e de todos os presentes fez-me sentir em casa, nesta grande Casa comum que é nossa Santa Mãe a Igreja Católica.

Dirijo uma especial saudação à nova Presidência da Conferência Nacional dos Bispos do Brasil e, ao agradecer as palavras do seu Presidente, Dom Geraldo Lyrio Rocha, faço votos de um profícuo desempenho na tarefa de consolidar sempre mais a comunhão entre os bispos e de promover a ação pastoral comum num território de dimensões continentais.

2. O Brasil está acolhendo os participantes da V Conferência do Episcopado Latino-americano com a sua tradicional hospitalidade. Exprimo o meu agradecimento pela cortês recepção dos seus membros e o meu profundo apreço pelas orações do povo brasileiro, formuladas especialmente em prol do bom êxito do encontro dos bispos em Aparecida.

É um grande evento eclesial que se situa no âmbito do esforço missionário que a América Latina deverá propor-se, precisamente a partir daqui, do solo brasileiro. Foi por isso que quis dirigir-me inicialmente a vós, Bispos do Brasil, evocando aquelas palavras densas de conteúdo da Carta aos Hebreus: «*O Filho de Deus aprendeu a obediência por meio dos sofrimentos que teve. E uma vez chegado ao seu termo, tornou-se autor da salvação para todos os que lhe obedecem*» (*Hb* 5, 8-9). Exuberante no seu significado, este versículo fala da compaixão de Deus para conosco, concretizada na paixão de seu Filho; e fala da sua obediência, da sua adesão livre e consciente aos desígnios do Pai, explicitada especialmente na oração no monte das Oliveiras: «Não seja feita a minha vontade, mas a tua» (*Lc* 22, 42). Assim, é o próprio Jesus a nos ensinar que a verdadeira via de salvação consiste em conformar a nossa vontade a vontade de Deus. É exatamente o que pedimos na terceira invocação da oração do Pai Nosso: que seja feita a vontade de Deus, assim na terra como no céu, porque onde reina a vontade de Deus, aí está presente o reino de Deus. Jesus nos atrai para a sua vontade, à vontade do Filho, e deste modo nos guia para a salvação. Indo ao encontro da vontade de Deus, com Jesus Cristo, abrimos o mundo ao reino de Deus.

Nós Bispos somos convocados para manifestar essa verdade central, pois estamos vinculados diretamente a Cristo, Bom Pastor. A missão que nos é confiada, como Mestres da fé, consiste em recordar, como o mesmo Apóstolo das Gentes escrevia, que o nosso Salvador *«quer que todos os homens se salvem e cheguem ao conhecimento da verdade»* (1 *Tm* 2, 4-6). Esta é a finalidade, e não outra, a finalidade da Igreja, a salvação das almas, uma a uma. Por isso o Pai enviou seu Filho, e «*como o Pai me enviou, também eu vos envio*» (*Jo* 20,21). Daqui, o mandato de evangelizar: «*Ide, pois, ensinai a todas as nações; batizai-as em nome do Pai e do Filho e do Espírito Santo. Ensinai-as a observar tudo o que vos prescrevi. Eis que estou convosco todos os dias, até o fim do mundo*» (*Mt* 28,19-20). São palavras simples e sublimes nas quais estão indicadas a obrigação de pregar a verdade da fé, a urgência da vida sacramental, a promessa da contínua assistência de Cristo à sua Igreja. Estas são realidades fundamentais e se referem à instrução na fé e na moral cristã, e à prática dos sacramentos. Onde Deus e a sua vontade não são conhecidos, onde não existe a fé em Jesus Cristo e nem a sua presença nas celebrações sacramentais, falta o essencial também para a solução dos urgentes problemas sociais e políticos. A fidelidade ao primado de Deus e da sua vontade, conhecida e vivida em comunhão com Jesus Cristo, é o dom essencial, que nós Bispos e sacerdotes devemos oferecer ao nosso povo (cf. *Populorum progressio* 21).

3. O ministério episcopal nos impele ao discernimento da vontade salvífica, na busca de uma pastoral que eduque o Povo de Deus a reconhecer e acolher os valores transcendentes, na fidelidade ao Senhor e ao Evangelho.

É verdade que os tempos de hoje são difíceis para a Igreja e muitos dos seus filhos estão atribulados. A vida social está atravessando momentos de confusão desnorteadora. Ataca-se impunemente a santidade do matrimônio e da família, iniciando-se por fazer concessões diante de pressões capazes de incidir negativamente sobre os processos legislativos; justificam-se alguns crimes contra a vida em nome dos direitos da liberdade individual; atenta-se contra a dignidade do ser humano; alastra-se a ferida do divórcio e das uniões livres. Ainda mais: no seio da Igreja, quando o valor do compromisso sacerdotal é questionado como entrega total a Deus através do celibato apostólico e como disponibilidade total para servir às almas, dando-se preferência às questões ideológicas e políticas, inclusive partidárias, a estrutura da consagração total a Deus começa a perder o seu significado mais profundo. Como não sentir tristeza em nossa alma? Mas tende confiança: a Igreja é santa e incorruptível (cf. *Ef* 5,27). Dizia Santo Agostinho: "Vacilará a Igreja se vacila o seu fundamento, mas poderá talvez Cristo vacilar? Visto que Cristo não vacila, a Igreja permanecerá intacta até o fim dos tempos" (*Enarrationes in Psalmos*, 103,2,5; PL, 37, 1353.)

Entre os problemas que afligem a vossa solicitude pastoral está, sem dúvida, a questão dos católicos que abandonam a vida eclesial. Parece claro que a causa principal, dentre outras, deste problema, possa ser atribuída à falta de uma evangelização em que Cristo e a sua Igreja estejam no centro de toda explanação. As pessoas mais vulneráveis ao proselitismo agressivo das seitas — que é motivo de justa preocupação — e incapazes de resistir às investidas do agnosticismo, do relativismo e do laicismo são geralmente os batizados não suficientemente evangelizados, facilmente influenciáveis porque possuem uma fé fragilizada e, por vezes, confusa, vacilante e ingênua, embora conservem uma religiosidade inata. Na Encíclica *Deus caritas est* recordei que "Ao início do ser cristão, não há uma decisão ética ou uma grande idéia, mas o encontro com um acontecimento, com uma Pessoa que dá à vida um novo horizonte e, desta forma, o rumo decisivo" (n. 1). É necessário, portanto, encaminhar a atividade apostólica como uma verdadeira missão dentro do rebanho que constitui a Igreja Católica no Brasil, promovendo uma evangelização metódica e capilar em vista de uma adesão pessoal e comunitária a Cristo. *Trata-se efetivamente de não poupar esforços na busca dos católicos afastados e daqueles que pouco ou nada conhecem sobre Jesus Cristo*, através de uma pastoral da acolhida que os ajude a sentir a Igreja como lugar privilegiado do encontro com Deus e mediante um itinerário catequético permanente.

Uma missão evangelizadora que convoque todas as forças vivas deste imenso rebanho. Meu pensamento dirige-se, portanto, aos sacerdotes, religiosos, religiosas e leigos que se prodigalizam, muitas vezes com imensas dificuldades, para a difusão da verdade evangélica. Dentre eles, muitos colaboram ou participam ativamente nas Associações, nos Movimentos e em outras novas realidades eclesiais que, em comunhão com seus Pastores e de acordo com as orientações diocesanas, levam sua riqueza espiritual, educativa e missionária ao coração da Igreja, como preciosa experiência e proposta de vida cristã.

Neste esforço evangelizador, a comunidade eclesial se destaca pelas iniciativas pastorais, ao enviar, sobretudo entre as casas das periferias urbanas e do interior, seus missionários, leigos ou religiosos, procurando dialogar com todos em espírito de compreensão e de delicada caridade. Mas se as pessoas encontradas estão numa situação de pobreza, é preciso ajudá-las, como faziam as primeiras comunidades cristãs, praticando a solidariedade, para que se sintam amadas de verdade. O povo pobre das periferias urbanas ou do campo precisa sentir a proximidade da Igreja, seja no socorro das suas necessidades mais urgentes, como também na defesa dos seus direitos e na promoção comum de uma sociedade fundamentada na justiça e na paz. Os pobres são os destinatários privilegiados do Evangelho e um Bispo, modelado segundo a imagem do Bom Pastor, deve estar particularmente atento em oferecer o divino bálsamo da fé, sem descuidar do "pão material". Como pude evidenciar na Encíclica *Deus caritas est*, "a Igreja não pode descurar o serviço da caridade, tal como não pode negligenciar os Sacramentos nem a Palavra" (n. 22).

A vivência sacramental, especialmente através da Confissão e da Eucaristia, adquire aqui uma importância de primeira grandeza. A vós Pastores cabe a principal tarefa de assegurar a participação dos fiéis na vida eucarística e no Sacramento da Reconciliação; deveis estar vigilantes para que a confissão e a absolvição dos pecados sejam, de modo ordinário, individual, tal como o pecado é um fato profundamente pessoal (cf. Exort. ap. pós-sinodal *Reconciliatio et penitentia*, n. 31, III). Somente a impossibilidade física ou moral escusa o fiel desta forma de confissão, podendo neste caso obter a reconciliação por outros meios (Cân. 960; cf. Compêndio do Catecismo da Igreja Católica, n. 311). Por isso, convém incutir nos sacerdotes a prática da generosa disponibilidade para atender aos fiéis que recorrem ao Sacramento da misericórdia de Deus (Carta ap. *Misericordia Dei*, 2).

4. Recomeçar a partir de Cristo em todos os âmbitos da missão. Redescobrir em Jesus o amor e a salvação que o Pai nos dá, pelo Espírito Santo. Esta é a substância, a raiz, da missão episcopal que faz do Bispo o primeiro responsável pela catequese diocesana. Com efeito, ele tem a direção superior da catequese, rodeando-se de colaboradores competentes e merecedores de confiança. *É óbvio, portanto, que os seus catequistas não são simples comunicadores de experiências de fé, mas devem ser autênticos transmissores, sob a guia do seu Pastor, das verdades reveladas.* A fé é uma caminhada conduzida pelo Espírito Santo que se resume em duas palavras: conversão e seguimento. Essas duas palavras-chave da tradição cristã indicam com clareza, que a fé em Cristo implica uma práxis de vida baseada no dúplice mandamento do amor, a Deus e ao próximo, e exprimem também a dimensão social da vida cristã.

A verdade supõe um conhecimento claro da mensagem de Jesus, transmitida graças a uma compreensível linguagem inculturada, mas necessariamente fiel à proposta do Evangelho. Nos tempos atuais é urgente um conhecimento adequado da fé, como está bem sintetizada no *Catecismo da Igreja Católica* com o seu *Compêndio*. Faz parte da catequese essencial também a educação às virtudes pessoais e sociais do cristão, como também a educação à responsabilidade social. Exatamente porque fé, vida e celebração da sagrada liturgia como fonte de fé e de vida, são inseparáveis, é necessária uma mais correta aplicação dos princípios indicados pelo Concílio Vaticano II no que diz respeito à Liturgia da Igreja, incluindo as disposições contidas no *Diretório para os Bispos* (nn.145-151), com o propósito de devolver à Liturgia o seu caráter sagrado. É com esta finalidade que o meu Venerável predecessor na Cátedra de Pedro, João Paulo II, quis renovar "um veemente apelo para que as normas litúrgicas sejam observadas, com grande fidelidade, na celebração eucarística" (...) "A liturgia jamais é propriedade privada de alguém, nem do celebrante, nem da comunidade onde são celebrados os santos mistérios" (Carta encl. *Ecclesia de Eucharistia*, n. 52). Redescobrir e valorizar a obediência às normas litúrgicas por parte dos Bispos, como "moderadores da vida litúrgica da Igreja", significa testemunhar a própria Igreja, una e universal que preside na caridade.

5. É necessário um salto de qualidade na vivência cristã do povo, para que possa testemunhar a sua fé de forma límpida e esclarecida. Essa fé, celebrada e participada na liturgia e na caridade, nutre e fortifica a comunidade dos discípulos do Senhor e os edifica como Igreja missionária e profética. O Episcopado brasileiro possui uma estrutura de grande envergadura, cujos Estatutos foram há pouco revistos para o seu melhor desempenho e uma dedicação mais exclusiva ao bem da Igreja. O Papa veio ao Brasil para pedir-vos que, no seguimento da Palavra de Deus, todos os Veneráveis Irmãos no episcopado saibam ser portadores *de eterna salvação para todos os que lhe obedecem* (cf. *Hb* 5,9). Nós, pastores, na esteira do compromisso assumido como sucessores dos Apóstolos, devemos ser fiéis servidores da Palavra, sem visões redutivas e confusões na missão que nos é confiada. Não basta observar a realidade a partir da fé pessoal; é preciso trabalhar com o Evangelho nas mãos e fundamentados na correta herança da Tradição Apostólica, sem interpretações movidas por ideologias racionalistas.

Assim é que, "nas Igrejas particulares compete ao Bispo conservar e interpretar a Palavra de Deus e julgar com autoridade aquilo que está ou não de acordo com ela" (Congr. para a Doutrina da Fé, *Instr. sobre a vocação eclesial do teólogo,* n. 19). Ele, como Mestre de fé e de doutrina, poderá contar com a colaboração do teólogo que "na sua dedicação ao serviço da verdade, deverá, para permanecer fiel à sua função, levar em conta a missão própria do Magistério e colaborar com ele" (*ib.* 20). O dever de conservar o depósito da fé e de manter a sua unidade exige estreita vigilância, de modo que este seja "conservado e transmitido fielmente e que as posições particulares sejam unificadas na integridade do Evangelho de Cristo" (*Diretório para o Ministério Pastoral dos Bispos,* n. 126).

Eis então a enorme responsabilidade que assumis como formadores do povo, mormente dos vossos sacerdotes e religiosos. São eles vossos fiéis colaboradores. Conheço o empenho com que procurais formar as novas vocações sacerdotais e religiosas. A formação teológica e nas disciplinas eclesiásticas exige uma constante atualização, mas sempre de acordo com o Magistério autêntico da Igreja.

Faço apelo ao vosso zelo sacerdotal e ao sentido de discernimento das vocações, também para saber complementar a dimensão espiritual, psico-afetiva, intelectual e pastoral em jovens maduros e disponíveis ao serviço da Igreja. Um bom e assíduo acompanhamento espiritual é indispensável para favorecer o amadurecimento humano e evita o risco de desvios no campo da sexualidade. Tende sempre presente que o celibato sacerdotal é um dom "que a Igreja recebeu e quer guardar, convencida de que ele é um bem para ela e para o mundo" (*Diretório para o ministério e a vida dos presbíteros,* n. 57).

Gostaria de recomendar à vossa solicitude também as Comunidades religiosas que se inserem na vida da própria Diocese. É uma contribuição preciosa que oferecem, pois, apesar da *"diversidade de dons, o Espírito é o mesmo"* (*1 Cor* 12,4). A Igreja não pode senão manifestar alegria e apreço por tudo aquilo que os Religiosos vêm realizando mediante Universidades, escolas, hospitais e outras obras e instituições.

6. Conheço a dinâmica das vossas Assembléias e o esforço por definir os diversos planos pastorais, que dêem prioridade à formação do clero e dos agentes da pastoral. Alguns dentre vós fomentastes movimentos de evangelização para facilitar o agrupamento dos fiéis numa linha de ação.

O Sucessor de Pedro conta convosco para que vossa preparação se apóie sempre naquela espiritualidade de comunhão e de fidelidade à Sé de Pedro, a fim de garantir que a ação do Espírito não seja vã. Com efeito, a *integridade da fé, junto à disciplina eclesial, é, e será sempre, tema que exigirá atenção e desvelo por parte de todos vós, sobretudo quando se trata de tirar as consequências do fato que existe «uma só fé e um só batismo»*.

Como sabeis, entre os vários documentos que se ocupam da unidade dos cristãos está o *Diretório para o ecumenismo* publicado pelo Pontifício Conselho para a Unidade dos Cristãos. O Ecumenismo, ou seja, a busca da unidade dos cristãos torna-se nesse nosso tempo, no qual se verifica o encontro das culturas e o desafio do secularismo, uma tarefa sempre mais urgente da Igreja católica. Com a multiplicação, porém, de sempre novas denominações cristãs e, sobretudo diante de certas formas de proselitismo, frequentemente agressivo, o empenho ecumênico torna-se uma tarefa complexa. Em tal contexto é indispensável uma boa formação histórica e doutrinal, que habilite ao necessário discernimento e ajude a entender a identidade específica de cada uma das comunidades, os elementos que dividem e aqueles que ajudam no caminho de construção da unidade. O grande campo comum de colaboração deveria ser a defesa dos fundamentais valores morais, transmitidos pela tradição bíblica, contra a sua destruição numa cultura relativística e consumista; mais ainda, a fé em Deus criador e em Jesus Cristo, seu Filho encarnado. Além do mais vale sempre o princípio do amor fraterno e da busca de compreensão e de proximidade mútuas; mas também a defesa da fé do nosso povo, confirmando-o na feliz certeza, que a *"unica Christi Ecclesia... subsistit in Ecclesia catholica, a successore Petri et Episcopis in eius communione gubernata"* ("a única Igreja de Cristo... subsiste na Igreja Católica governada pelo sucessor de Pedro e pelos Bispos em comunhão com ele") (*Lumen gentium* 8).

Neste sentido se procederá a um franco diálogo ecumênico, através do Conselho Nacional das Igrejas Cristãs, zelando pelo pleno respeito das demais confissões religiosas, desejosas de manter-se em contato com a Igreja Católica no Brasil.

7. Não é nenhuma novidade a constatação de que vosso País convive com um déficit histórico de desenvolvimento social, cujos traços extremos são o imenso contingente de brasileiros vivendo em situação de indigência e uma desigualdade na distribuição da renda que atinge

patamares muito elevados. A vós, veneráveis Irmãos, como hierarquia do povo de Deus, vos compete promover a busca de soluções novas e cheias de espírito cristão. Uma visão da economia e dos problemas sociais, a partir da perspectiva da doutrina social da Igreja, leva a considerar as coisas sempre do ponto de vista da dignidade do homem, que transcende o simples jogo dos fatores econômicos. Deve-se, por isso, trabalhar incansavelmente para a formação dos políticos, dos brasileiros que têm algum poder decisório, grande ou pequeno e, em geral, de todos os membros da sociedade, de modo que assumam plenamente as próprias responsabilidades e saibam dar um rosto humano e solidário à economia.

Ocorre formar nas classes políticas e empresariais um autêntico espírito de veracidade e de honestidade. Quem assume uma liderança na sociedade, deve procurar prever as conseqüências sociais, diretas e indiretas, a curto e a longo prazo, das próprias decisões, agindo segundo critérios de maximização do bem comum, ao invés de procurar ganâncias pessoais.

8. Queridos irmãos, se Deus quiser, encontraremos outras oportunidades para aprofundar as questões que interpelam a nossa solicitude pastoral conjunta. Desta vez, desejei, certamente de maneira não exaustiva, expor os temas mais relevantes que se impõem à minha consideração de Pastor da Igreja universal. Transmito-vos o meu afetuoso encorajamento que é, ao mesmo tempo, uma fraterna e sentida súplica: para que procedais e trabalheis sempre, como vindes fazendo, em concórdia, tendo como vosso fundamento uma comunhão que na Eucaristia encontra o seu momento culminante e o seu manancial inesgotável. Confio todos vós a Maria Santíssima, Mãe de Cristo e Mãe da Igreja, enquanto de todo o coração vos concedo, a cada um de vós e às vossas respectivas Comunidades, a Bênção Apostólica.

Obrigado!

ENCONTRO COM AS IRMÃS CLARISSAS

SAUDAÇÃO DO PAPA BENTO XVI

Fazenda da Esperança, Guaratinguetá
Sábado, 12 de maio de 2007

"Louvado sejas, meu Senhor, por todas as tuas criaturas"

Com esta saudação ao Onipotente e Bom Senhor, o santo Pobrezinho de Assis reconhecia a bondade única do Deus Criador e a doçura, a força e a beleza que serenamente se espalham em todas as criaturas, tornado-as espelho da onipotência do Criador.

Este nosso encontro, queridas irmãs Clarissas, nesta Fazenda da Esperança, quer ser a manifestação de um gesto de carinho do sucessor de Pedro às irmãs de clausura e também um sereno murmúrio de amor que ecoa por estas colinas e vales da Serra da Mantiqueira e ressoe em toda a terra: *"Não são discursos nem frases ou palavras, nem são vozes que possam ser ouvidas; seu som ressoa e se espalha em toda a terra, chega aos confins do universo a sua voz"* (Sl 18,4-5). Daqui as filhas de santa Clara proclamam; *"louvado sejas, meu Senhor, por todas as tuas criaturas!"*.

Onde a sociedade não vê mais futuro ou esperança, são os cristãos chamados a anunciar a força da Ressurreição: justamente aqui nesta Fazenda da Esperança, onde estão tantas pessoas, principalmente jovens, que procuram superar o problema das drogas, do álcool e da dependência química, testemunha-se o Evangelho de Cristo no meio de uma sociedade consumista afastada de Deus. Quão outra é a perspectiva do Criador em sua obra! As irmãs Clarissas e outros religiosos de clausura — que, na vida contemplativa, perscrutam a grandeza de Deus e descobrem também a beleza das criaturas — podem, com o autor sagrado, contemplar o próprio Deus, embevecido, maravilhado diante de Sua obra, de Sua criatura amada: "Deus contemplou tudo o que tinha feito e eis que estava tudo muito bom!" (*Gn* 1, 31).

Quando o pecado entrou no mundo e, com ele, a morte, a criatura amada de Deus — embora ferida — não perdeu totalmente sua beleza: ao contrário, recebeu um amor maior: "Ó feliz culpa que nos mereceu um tão grande Redentor" — proclama a Igreja na noite misteriosa e clara da Páscoa *(Exultet)*. É o Cristo ressuscitado que cura as feridas e salva os filhos e filhas de Deus, salva a humanidade da morte, do pecado e da escravidão das paixões. A Páscoa de Cristo une a terra e o céu. Nesta Fazenda da Esperança unem-se as orações das Clarissas e o trabalho árduo da medicina e da laborterapia para vencer as prisões e quebrar os grilhões das drogas que fazem sofrer os filhos amados de Deus.

Recompõe-se, assim, a beleza das criaturas que encanta e maravilha seu Criador. Este é o Pai todo-poderoso, o único cujo ser é o amor e cuja glória é o ser humano vivo - no dizer de Santo Irineu. Ele *"tanto amou o mundo, que enviou o seu Filho"* (*Jo* 3,16) para recolher o caído no caminho, assaltado e ferido pelos ladrões na estrada de Jerusalém a Jericó. Nos caminhos do mundo, Jesus é "a mão que o Pai estende aos pecadores; é o caminho pelo qual nos chega a paz" *(anáfora eucarística)*. Sim, aqui descobrimos que a beleza das criaturas e o amor de Deus são inseparáveis. Francisco e Clara de Assis também descobrem este segredo e propõem aos seus filhos e filhas uma só coisa - e bem simples: viver o Evangelho. Esta é sua norma de conduta e sua regra de vida. Clara o expressou muito bem, quando disse às suas Irmãs: "Tende entre vós, minhas filhas, o mesmo amor com o qual Cristo vos amou" *(Testamento)*.

É neste amor que Frei Hans convidou-as para serem a retaguarda de todo o trabalho desenvolvido na Fazenda da Esperança. Na força da oração silenciosa, nos jejuns e penitências, as filhas de santa Clara vivem o mandamento do amor a Deus e ao próximo, no gesto supremo de amar até o fim.

Isto significa jamais perder a esperança! Donde o nome desta obra de Frei Hans: "Fazenda da Esperança". Pois é preciso edificar, construir a esperança, tecendo a tela de uma sociedade que, no estender-se dos fios da vida, perde o próprio sentimento de esperança. Esta perda — no dizer de Paulo — é como maldição que a pessoa humana impõe a si mesma: *"pessoas sem afeto"* (Rm 1,31).

Caríssimas irmãs, sejam as proclamadoras de que *"a esperança não decepciona"* (Rm 5,5). A dor do Crucificado, que atravessou a alma de Maria ao pé da cruz, console tantos corações maternos e paternos que choram de dor por seus filhos ainda dependentes de drogas. Anunciem pelo silêncio oferente da oração, silêncio grandiloqüente que o Pai escuta; anunciem a mensagem do amor que vence a dor, as drogas e a morte. Anunciem Jesus Cristo, humano como nós, sofredor como nós, que tomou sobre si os nossos pecados para deles nos libertar!

Estamos para iniciar a V (Quinta) Conferência Geral do Episcopado Latino-americano e Caribenho, no Santuário de Aparecida — tão perto desta Fazenda da Esperança. Confio também em suas orações, para que nossos povos tenham vida em Jesus Cristo e todos nós sejamos seus discípulos e missionários. Rogo a Maria — a Mãe Aparecida, a Virgem de Nazaré — quem, no seguimento de seu Filho, guardava todas as coisas no seu coração, que as guarde no silêncio fecundo da oração.

A todas as irmãs de clausura, de maneira especial às Clarissas presentes a esta obra, minha bênção e afeto.

ENCONTRO COM A COMUNIDADE

DISCURSO DO PAPA BENTO XVI

Fazenda da Esperança, Guaratinguetá
Sábado, 12 de maio de 2007

Queridos amigos e amigas,

Eis-me finalmente na Fazenda Esperança!

1. Com particular afeto, saúdo ao Frei Hans Stapel, Fundador da Obra Social Nossa Senhora da Glória, também conhecida como Fazenda da Esperança. Desejo desde já congratular-me com todos vocês, por terem acreditado num ideal de bem e de paz que este lugar significa.

A todos que se encontram em fase de recuperação, bem como aos reabilitados, voluntários, famílias, ex-internos e benfeitores de todas as fazendas representadas nesta ocasião para encontrar-se com o Papa, digo: *Paz e Bem!*

Sei que aqui se encontram reunidos os representantes de diversos países, onde a Fazenda da Esperança possui sedes. Viestes ver o Papa. Viestes para ouvir e assimilar o que ele vos queria dizer.

2. A Igreja de hoje deve reavivar em si mesma a consciência da tarefa de repropor ao mundo a voz d'Aquele que disse: «*Eu sou a luz do mundo. Quem me segue não andará nas trevas, mas terá a luz da vida*» (*Jo* 8,12). Por sua vez, a tarefa do Papa é renovar nos corações essa luz que não ofusca, pois quer iluminar o íntimo das almas que buscam o verdadeiro bem e a paz, que o mundo não pode dar. Um fulgor como este, só necessita de um coração aberto aos anseios divinos. Deus não força, não oprime a liberdade individual; pede só abertura daquele sacrário da nossa consciência por donde passam todas as aspirações mais nobres, mas também afetos e paixões desordenadas que ofuscam a mensagem do Altíssimo.

3. «*Eis que estou à porta, e bato: Se alguém ouvir a minha voz e me abrir a porta, entrarei em sua casa e cearemos, eu com ele e ele comigo*» (*Ap* 3,20). São palavras divinas que tocam o fundo da alma e que removem até as suas raízes mais profundas.

A um certo momento da vida, Jesus vem e toca, com suaves batidas, no fundo dos corações bem dispostos. A vocês, Ele o fez através de uma pessoa amiga ou de um sacerdote ou, possivelmente, providenciou uma série de coincidências para dizer que sois objeto de predileção divina. Mediante a instituição que os abriga, o Senhor proporcionou esta experiência de recuperação física e espiritual de vital importância para vocês e seus familiares. Além disso, a sociedade espera que saibam divulgar este bem precioso da saúde entre os amigos e membros de toda a comunidade.

Vocês devem ser os embaixadores da esperança! O Brasil possui uma estatística, das mais relevantes, no que diz respeito à dependência química de drogas e entorpecentes. E a América Latina não fica atrás. Por isso, digo aos que comercializam a droga que pensem no mal que estão provocando a uma multidão de jovens e de adultos de todos os segmentos da sociedade: Deus vai-lhes exigir satisfações. A dignidade humana não pode ser espezinhada desta maneira. O mal provocado recebe a mesma reprovação dada por Jesus aos que escandalizavam os "pequeninos", os preferidos de Deus (cf. *Mt* 18, 7-10).

4. Mediante uma terapia, que inclui a assistência médica, psicológica e pedagógica, mas também muita oração, trabalho manual e disciplina, já são numerosas as pessoas, sobretudo jovens, que conseguiram livrar-se da dependência química e do álcool e recuperar o sentido da vida.

Desejo manifestar o meu apreço por esta Obra, que tem como alicerce espiritual o carisma de São Francisco e a espiritualidade do Movimento dos Focolares.

A reinserção na sociedade constitui, sem dúvida, uma prova da eficácia da iniciativa de vocês. Mas o que mais chama atenção, e confirma a validade do trabalho, são as conversões, o reencontro com Deus e a participação ativa na vida da Igreja. Não basta curar o corpo, é preciso adornar a alma com os mais preciosos dons divinos conquistados através do Batismo.

Vamos agradecer a Deus por ter querido colocar tantas almas no caminho de uma esperança renovada, com o auxílio do Sacramento do perdão e da celebração da Eucaristia.

5. Queridos amigos, não poderia deixar passar esta oportunidade para agradecer também a todos os que colaboram material ou espiritualmente para dar continuidade à *Obra Social Nossa Senhora da Glória*. Que Deus abençoe Frei Hans Stapel e Nelson Giovanelli Ros por terem acolhido o convite d'Ele para dedicarem sua vida a vocês. Abençoe também todos os que trabalham nesta Obra: os consagrados e as consagradas; os voluntários e as voluntárias. Uma Bênção especial vai para todas as pessoas amigas que a sustentam: autoridades, grupos de apoio e todos que amam a Cristo presente nestes seus filhos prediletos.

Meu pensamento vai agora a muitas outras instituições do mundo inteiro que trabalham para restituir a vida, e vida nova, a estes nossos irmãos presentes na nossa sociedade, e que Deus ama com um amor preferencial. Penso também nos muitos grupos de Alcoólicos Anônimos e de Narcóticos Anônimos, e na Pastoral da Sobriedade que já trabalha em muitas comunidades, prestando seus generosos auxílios em favor da vida.

6. A proximidade do Santuário de Aparecida nos assegura que a Fazenda da Esperança nasceu sob as suas bênçãos e o seu olhar maternal. Há muito que venho pedindo à Mãe, Rainha e Padroeira do Brasil, que estenda seu manto protetor sobre os que participarão na V (Quinta) Conferência Geral do Episcopado da América Latina e do Caribe. A presença de vocês aqui, supõe uma ajuda considerável para o sucesso desta grande assembléia; ponham suas orações, sacrifícios e renúncias no altar da Capela, certos de que, no Santo Sacrifício do Altar, estas ofertas subirão aos céus como um suave aroma na presença do Altíssimo. Conto com a ajuda de vocês. Que o Santo Frei Galvão e Santa Crescência amparem e protejam a cada um. A todos vocês abençôo em nome do Pai, do Filho e do Espírito Santo. Amém.

ORAÇÃO DO SANTO ROSÁRIO E ENCONTRO COM OS SACERDOTES, OS RELIGIOSOS, AS RELIGIOSAS, OS SEMINARISTAS E OS DIÁCONOS

DISCURSO DO PAPA BENTO XVI

Basílica do Santuário de Aparecida
Sábado, 12 de maio de 2007

Senhores Cardeais,
Venerados Irmãos no Episcopado e Presbiterado,

Amados religiosos e todos vós que, impelidos pela voz de Jesus Cristo, O seguistes por amor!

Estimados seminaristas, que vos estais preparando para o ministério sacerdotal!

Queridos representantes dos Movimentos eclesiais, e todos vós leigos que levais a força do Evangelho ao mundo do trabalho e da cultura, no seio das famílias,

bem como às vossas paróquias!

1. Como os Apóstolos, juntamente com Maria, «subiram para a sala de cima» e ali «unidos pelo mesmo sentimento, entregavam-se assiduamente à oração» (*At* 1,13-14), assim também hoje nos reunimos aqui no Santuário de Nossa Senhora da Conceição Aparecida, que é para nós nesta hora «a sala de cima», onde Maria, Mãe do Senhor, se encontra no meio de nós. Hoje é Ela que orienta a nossa meditação; Ela nos ensina a rezar. É Ela que nos mostra o modo como abrir nossas mentes e os nossos corações ao poder do Espírito Santo, que vem para ser transmitido ao mundo inteiro.

Acabamos de recitar o Rosário. Através dos seus ciclos meditativos, o Divino Consolador quer nos introduzir no conhecimento de um Cristo que brota da fonte límpida do texto evangélico. Por sua vez, a Igreja do terceiro milênio se propõe dar aos cristãos a capacidade de «conhecerem — com palavras de São Paulo — o mistério de Deus, isto é Cristo, no qual estão escondidos todos os tesouros da sabedoria e da ciência» (*Col* 2,2-3). Maria Santíssima, a Virgem Pura e sem Mancha é para nós escola de fé destinada a conduzir-nos e a fortalecer-nos no caminho que leva ao encontro com o Criador do Céu e da Terra. O Papa veio a Aparecida com viva alegria para vos dizer primeiramente: "Permanecei na escola de Maria". Inspirai-vos nos seus ensinamentos, procurai acolher e guardar dentro do coração as luzes que Ela, por mandato divino, vos envia lá do alto.

Como é bom estarmos aqui reunidos em nome de Cristo, na fé, na fraternidade, na alegria, na paz, *"na oração com Maria, a Mãe de Jesus"* (*At* 1,14). Como é bom, queridos Presbíteros, Diáconos, Consagrados e Consagradas, Seminaristas e Famílias Cristãs, estarmos aqui no Santuário Nacional de Nossa Senhora da Conceição Aparecida, que é Morada de Deus, Casa de Maria e Casa de Irmãos e que nesses dias se transforma também em Sede da V Conferência Episcopal Latino-Americana e Caribenha. Como é bom estarmos aqui nesta Basílica Mariana para onde, neste tempo, convergem os olhares e as esperanças do mundo cristão, de modo especial da América Latina e do Caribe!

2. Sinto-me muito feliz em estar aqui convosco, em vosso meio! O Papa vos ama! O Papa vos saúda afetuosamente! Reza por vós! E suplica ao Senhor as mais preciosas bênçãos para os Movimentos, Associações e as novas realidades eclesiais, expressão viva da perene juventude da Igreja! Que sejais muito abençoados! Aqui vai minha saudação muito afetuosa a vós Famílias aqui congregadas e que representais todas as caríssimas Famílias Cristãs presentes no mundo inteiro. Alegro-me de modo especialíssimo convosco e vos envio o meu abraço de paz.

Agradeço a acolhida e a hospitalidade do Povo brasileiro. Desde que aqui cheguei fui recebido com muito carinho! As várias manifestações de apreço e saudações demonstram o quanto vós quereis bem, estimais e respeitais o Sucessor do Apóstolo Pedro. Meu predecessor, o Servo de Deus Papa João Paulo II referiu-se várias vezes à vossa simpatia e espírito de acolhida fraterna. Ele tinha toda razão!

3. Saúdo aos estimados padres, aqui presentes, penso e oro por todos os sacerdotes espalhados pelo mundo inteiro, de modo particular pelos da América Latina e do Caribe, neles incluindo os que são *fidei donum*. Quantos desafios, quantas situações difíceis enfrentais, quanta generosidade, quanta doação, sacrifícios e renúncias! A fidelidade no exercício do ministério e na vida de oração, a busca da santidade, a entrega total a Deus a serviço dos irmãos e irmãs, gastando vossas vidas e energias, promovendo a justiça, a fraternidade, a solidariedade, a partilha, — tudo isso fala fortemente ao meu coração de Pastor. O testemunho de um sacerdócio bem vivido dignifica a Igreja, suscita admiração nos fiéis, é fonte de bênçãos para a Comunidade, é a melhor promoção vocacional, é o mais autêntico convite para que outros jovens também respondam positivamente aos apelos do Senhor. É a verdadeira colaboração para a construção do Reino de Deus!

Agradeço-vos sinceramente e vos exorto a que continueis a viver de modo digno a vocação que recebestes. Que o ardor missionário, que a vibração por uma evangelização sempre mais atualizada, que o espírito apostólico autêntico e o zelo pelas almas estejam presentes em vossas vidas! O meu afeto, orações e agradecimentos vai também aos sacerdotes idosos e enfermos. A vossa conformação ao Cristo Sofredor e Ressuscitado é o mais fecundo apostolado! Muito obrigado!

4. Queridos Diáconos e Seminaristas, a vós também que ocupais um lugar especial no coração do Papa, uma saudação muito fraterna e cordial. A jovialidade, o entusiasmo, o idealismo, o ânimo em enfrentar com audácia os novos desafios, renovam a disponibilidade do Povo de Deus, tornam os fiéis mais dinâmicos e fazem a Comunidade Cristã crescer, progredir, ser mais confiante, feliz e otimista. Agradeço o testemunho que ofereceis, colaborando com os vossos Bispos nos trabalhos pastorais das dioceses. Tenhais sempre diante dos olhos a figura de Jesus, o Bom Pastor, que "veio não para ser servido, mas para servir e dar sua vida para resgatar a multidão" (*Mt* 20,28). Sede como os primeiros diáconos da Igreja: homens de boa reputação, cheios do Espírito Santo, de sabedoria e de fé (cf. *At* 6, 3-5). E vós, Seminaristas dai graças a Deus pela

chamada que Ele vos faz. Lembrai-vos que o Seminário é o "berço da vossa vocação e palco da primeira experiência de comunhão" (Diretório para o Ministério e vida dos Presbíteros, 32). Rezo para que sejais, se Deus quiser, sacerdotes santos, fiéis e felizes em servir a Igreja!

5. Detenho meu olhar e atenção agora sobre vós, estimados Consagrados e Consagradas, aqui reunidos no Santuário da Mãe, Rainha e Padroeira do Povo Brasileiro, e também espalhados por todas as partes do mundo.

Vós, religiosos e religiosas, sois uma dádiva, um presente, um dom divino que a Igreja recebeu do seu Senhor. Agradeço a Deus a vossa vida e o testemunho que dais ao mundo de um amor fiel a Deus e aos irmãos. Esse amor sem reservas, total, definitivo, incondicional e apaixonado se expressa no silêncio, na contemplação, na oração e nas atividades mais diversas que realizais, em vossas famílias religiosas, em favor da humanidade e principalmente dos mais pobres e abandonados. Isso tudo suscita no coração dos jovens o desejo de seguir mais de perto e radicalmente o Cristo Senhor e oferecer a vida para testemunhar aos homens e mulheres do nosso tempo que Deus é Amor e que vale à pena deixar-se cativar e fascinar para dedicar-se exclusivamente a Ele (cf. Exort. ap. *Vita Consecrata*, 15).

A vida religiosa no Brasil sempre foi marcante e teve um papel de destaque na obra da evangelização, desde os primórdios da colonização. Ontem ainda, tive a grande satisfação de presidir a Celebração Eucarística na qual foi canonizado Santo Antonio de Sant'Ana Galvão, presbítero e religioso franciscano, primeiro santo nascido no Brasil. Ao seu lado, um outro testemunho admirável de consagrada é Santa Paulina, fundadora das Irmãzinhas da Imaculada Conceição. Teria muitos outros exemplos para citar. Que todos eles vos sirvam de estímulo para viverdes uma consagração total. Deus vos abençoe!

6. Hoy, en vísperas de la apertura de la V Conferencia General de los Obispos de América Latina y del Caribe, que tendré el gusto de presidir, siento el deseo de deciros a todos vosotros cuán importante es el sentido de nuestra pertenencia a la Iglesia, que hace a los cristianos crecer y madurar como hermanos, hijos de un mismo Dios y Padre. Queridos hombres y mujeres de América Latina sé que tenéis una gran sed de

Dios. Sé que seguís a Aquel Jesús, que dijo "Nadie va al Padre sino por mí" (*Jn* 14,6). Por eso el Papa quiere deciros a todos: ¡*La Iglesia es nuestra Casa*! ¡*Esta es nuestra Casa*! ¡En la Iglesia Católica tenemos todo lo que es bueno, todo lo que es motivo de seguridad y de consuelo! ¡Quien acepta a Cristo: "Camino, Verdad y Vida", en su totalidad, tiene garantizada la paz y la felicidad, en esta y en la otra vida! Por eso, el Papa vino aquí para rezar y confesar con todos vosotros: ¡*vale la pena ser fieles, vale la pena perseverar en la propia fe*! Pero la coherencia en la fe necesita también una sólida formación doctrinal y espiritual, contribuyendo así a la construcción de una sociedad más justa, más humana y cristiana. El Catecismo de la Iglesia Católica, incluso en su versión más reducida, publicada con el título de Compendio, ayudará a tener nociones claras sobre nuestra fe. Vamos a pedir, ya desde ahora, que la venida del Espíritu Santo sea para todos como un nuevo Pentecostés, a fin de iluminar con la luz de lo Alto nuestros corazones y nuestra fe.

7. É com grande esperança que me dirijo a todos vós, que se encontram dentro desta majestosa Basílica, ou que participaram do lado de fora, do Santo Rosário, para convidá-los a se tornarem profundamente missionários e para levar a Boa Nova do Evangelho por todos os pontos cardeais da América Latina e do mundo.

Vamos pedir à Mãe de Deus, Nossa Senhora da Conceição Aparecida, que zele pela vida de todos os cristãos. Ela, que é a Estrela da Evangelização, guie nossos passos no caminho do Reino celestial:

"Mãe nossa, protegei a família brasileira e latino-americana!

Amparai, sob o vosso manto protetor, os filhos dessa Pátria querida que nos acolhe,

Vós que sois a Advogada junto ao vosso Filho Jesus, dai ao Povo brasileiro paz constante e prosperidade completa,

Concedei aos nossos irmãos de toda a geografia latino-americana um verdadeiro ardor missionário irradiador de fé e de esperança,

Fazei que o vosso clamor de Fátima pela conversão dos pecadores, seja realidade, e transforme a vida da nossa sociedade,

E vós que, do Santuário de Guadalupe, intercedeis pelo povo do Continente da esperança, abençoai as suas terras e os seus lares,

Amém".

SANTA MISSA DE INAUGURAÇÃO DA V CONFERÊNCIA GERAL DO EPISCOPADO DA AMÉRICA LATINA E DO CARIBE

HOMILIA DO PAPA BENTO XVI

Esplanada do Santuário de Aparecida
VI Domingo de Páscoa, 13 de Maio de 2007

Veneráveis Irmãos no Episcopado,
queridos sacerdotes e vós todos, irmãs e irmãos no Senhor!

Não existem palavras para exprimir a alegria de encontrar-Me convosco para celebrar esta solene Eucaristia, por ocasião da abertura da Quinta Conferência Geral do Episcopado Latino-americano e do Caribe. A todos saúdo com muita cordialidade, de modo particular ao Arcebispo de Aparecida, Dom Raymundo Damasceno Assis, agradecendo as palavras que Me foram dirigidas em nome de toda a assembléia, e os Cardeais Presidentes desta Conferência Geral. Saúdo com deferência as Autoridades civis e militares que nos honram com a sua presença. Deste Santuário estendo o meu pensamento, com muito afeto e oração, a todos aqueles que se nos unem espiritualmente neste dia, de modo especial às comunidades de vida consagrada, aos jovens engajados em movimentos e associações, às famílias, bem como aos enfermos e aos anciãos. A todos quero dizer: «Graça e paz da parte de Deus, nosso Pai, e da parte do Senhor Jesus Cristo» (*1Cor* 1,13).

Considero um dom especial da Providência que esta Santa Missa seja celebrada *neste tempo e neste lugar*. O *tempo* é o litúrgico do sexto Domingo de Páscoa: está próxima a festa de Pentecostes, e a Igreja é convidada a intensificar a invocação ao Espírito Santo. O *lugar* é o Santuário nacional de Nossa Senhora Aparecida, coração mariano do Brasil: Maria nos acolhe neste *Cenáculo* e, como Mãe e Mestra, nos ajuda a elevar a Deus uma prece unânime e confiante. Esta celebração litúrgica constitui o fundamento mais sólido da V (Quinta) Conferência, porque põe na sua base a oração e a Eucaristia, *Sacramentum caritatis*. Com efeito, só a *caridade de Cristo*, emanada pelo Espírito Santo, pode fazer desta reunião um autêntico acontecimento eclesial, um momento de graça para este Continente e para o mundo inteiro. Esta tarde terei a possibilidade de entrar no mérito dos conteúdos sugeridos pelo tema da vossa Conferência. Demos agora espaço à Palavra de Deus, que com alegria acolhemos, com o coração aberto e dócil, a exemplo de Maria, Nossa Senhora da Conceição, a fim de que, pelo poder do Espírito Santo, Cristo possa novamente "fazer-se carne" no hoje da nossa história.

A primeira Leitura, tirada dos *Atos dos Apóstolos*, refere-se ao assim chamado "Concílio de Jerusalém", que considerou a questão se aos pagãos convertidos ao cristianismo dever-se-ia impor a observância da lei mosaica. O texto, deixando de lado a discussão sobre "os Apóstolos e os anciãos" (15,4-21), transcreve a decisão final, que vem posta por escrito numa carta e confiada a dois delegados, a fim de que seja entregue à comunidade de Antioquia (vv. 22-29). Esta página dos *Atos* nos é muito apropriada, por termos vindo aqui para uma reunião eclesial. Fala-nos do sentido do discernimento comunitário em torno dos grandes problemas que a Igreja encontra ao longo do seu caminho e que vem a ser esclarecidos pelos "Apóstolos" e pelos "anciãos" com a luz do Espírito Santo, o qual, como nos narra o Evangelho de hoje, lembra o ensinamento de Jesus Cristo (cf. *Jo* 14,26) ajudando assim a comunidade cristã a caminhar na caridade em busca da verdade plena (cf. *Jo* 16,13). Os chefes da Igreja discutem e se defrontam, sempre porém em atitude de religiosa escuta da Palavra de Cristo no Espírito Santo. Por isso, no final podem afirmar: «Pareceu bem ao Espírito Santo e a nós ...» (*At* 15,28).

Este é o "método" com o qual nós agimos na Igreja, tanto nas pequenas como nas grandes assembléias. Não é uma simples questão de procedimento; é o resultado da mesma natureza da Igreja, mistério de comunhão com Cristo no Espírito Santo. No caso das Conferências Gerais do Episcopado Latino-americano e Caribenho, a primeira, realizada no Rio de Janeiro em 1955 (mil novecentos e cinqüenta e cinco), recorreu a uma Carta especial enviada pelo Papa Pio XII (doze), de venerada memória; nas outras, até a atual, foi o Bispo de Roma que se dirigiu à sede da reunião continental para presidir as fases iniciais. Com devoto reconhecimento dirigimos o nosso pensamento aos Servos de Deus Paulo VI (sexto) e João Paulo II (segundo) que, nas Conferências de Medellín, Puebla e Santo Domingo, testemunharam a proximidade da Igreja universal nas Igrejas que estão na América Latina e que constituem, em proporção, a maior parte da Comunidade católica.

«*Pareceu bem ao Espírito Santo e a nós ...*». Esta é a Igreja: *nós*, a comunidade de fiéis, o Povo de Deus, com os seus Pastores chamados a fazer de guia do caminho; juntos com o *Espírito Santo*, Espírito do Pai mandado em nome do Filho Jesus, Espírito d'Aquele que é "maior" de todos e que nos foi dado mediante Cristo, que se fez "menor" por nossa causa. Espírito Paráclito, *Ad-vocatus*, Defensor e Consolador. Ele nos faz viver na presença de Deus, na escuta da sua Palavra, livres de inquietação e de temor, tendo no coração a paz que Jesus nos deixou e que o mundo não pode dar (cf. *Jo* 14, 26-27). O Espírito acompanha a Igreja no longo caminho que se estende entre a primeira e a segunda vinda de Cristo: «*Vou, e volto a vós*» (*Jo* 14,28), disse Jesus aos Apóstolos. Entre a "ida" e a "volta" de Cristo está o tempo da Igreja, que é o seu Corpo, estão esses dois mil anos transcorridos até agora; estão também estes pouco mais de cinco séculos em que a Igreja fez-se peregrina nas Américas, difundindo nos fiéis a vida de Cristo através dos Sacramentos e lançando nestas terras a boa semente do Evangelho, que rendeu trinta, sessenta e até mesmo o cento por um. *Tempo da Igreja, tempo do Espírito Santo*: Ele é o Mestre que forma *os discípulos*: fá-los enamorar-se de Jesus; educa-os para que escutem a sua Palavra, a fim de que contemplem a sua Face; conforma-os à sua Humanidade bem-aventurada, pobre em espírito, aflita, mansa, sedenta de justiça, misericordiosa, pura de coração, pacífica, perseguida por causa da justiça (cf. *Mt* 5,3-10). Deste modo, *graças à ação do Espírito Santo, Jesus torna-se a "Via" na qual caminha o discípulo*. «*Se alguém me ama, observará a minha palavra*», diz Jesus no início do trecho evangélico de hoje. «*A palavra que tendes ouvido não é minha, mas sim do Pai que me enviou*» (*Jo* 14,23-24). Como Jesus transmite as palavras do Pai, assim o Espírito recorda à Igreja as palavras de Cristo (cf. *Jo* 14,26). E como o amor pelo Pai levava Jesus a alimentar-se da sua vontade, assim o nosso amor por Jesus se demonstra na obediência pelas suas palavras. A fidelidade de Jesus à vontade do Pai pode transmitir-se aos discípulos graças ao Espírito Santo, que derrama o amor de Deus nos seus corações (cf. *Rm* 5,5).

O Novo Testamento apresenta-nos a *Cristo* como *missionário do Pai*. Especialmente no Evangelho de São João, Jesus fala de si tantas vezes a propósito do Pai que O enviou ao mundo. Da mesma forma, também no texto de hoje. Jesus diz: «*A palavra que tendes ouvido não é minha, mas sim do Pai que me enviou*» (*Jo* 14,24). Neste momento, queridos amigos, somos convidados a fixar nosso olhar n'Ele, porque a missão da Igreja subsiste somente em quanto prolongação daquela de Cristo: «*Como o Pai me enviou, assim também eu vos envio a vós*» (*Jo* 20,21). O evangelista põe em relevo, inclusive de forma plástica, que esta consignação acontece no Espírito Santo: «*Soprou sobre eles dizendo: 'Recebei o Espírito Santo...'*» (*Jo* 20,22). A *missão de Cristo* realizou-se *no amor*. Ele acendeu no mundo o fogo da caridade de Deus (cf. *Lc* 12,49). *É o amor que dá a vida*: por isso a Igreja é convidada a difundir no mundo a caridade de Cristo, porque os homens e os povos «*tenham a vida e a tenham em abundância*» (*Jo* 10,10). A vós também, que representais a Igreja na América Latina, tenho a alegria entregar de novo idealmente a minha Encíclica *Deus caritas est*, com a qual quis indicar a todos o que é essencial na mensagem cristã. A Igreja se sente *discípula e missionária desse Amor*: missionária somente enquanto discípula, isto é capaz de deixar-se sempre atrair, com renovado enlevo, por Deus que nos amou e nos ama por primeiro (*1Jo* 4,10). A Igreja não faz proselitismo. Ela cresce muito mais *por "atração"*: como Cristo "atrai todos a si" com a força do seu amor, que culminou no sacrifício da Cruz, assim a Igreja cumpre a sua missão na medida em que, associada a Cristo, cumpre a sua obra conformando-se em espírito e concretamente com a caridade do seu Senhor.

Queridos hermanos y hermanas. Éste es el rico tesoro del continente Latinoamericano; éste es su patrimonio más valioso: *la fe en Dios Amor*, que reveló su rostro en Jesucristo. Vosotros creéis en el Dios Amor: ésta es vuestra fuerza que vence al mundo, la alegría que nada ni nadie os podrá arrebatar, ¡la paz que Cristo conquistó para vosotros con su Cruz! *Ésta es la fe que hizo de Latinoamérica el "Continente de la*

Esperanza". No es una ideología política, ni un movimiento social, como tampoco un sistema económico; es la fe en Dios Amor, encarnado, muerto y resucitado en Jesucristo, el auténtico fundamento de esta esperanza que produjo frutos tan magníficos desde la primera evangelización hasta hoy. Así lo atestigua la serie de Santos y Beatos que el Espíritu suscitó a lo largo y ancho de este Continente. El Papa Juan Pablo II os convocó para una *nueva evangelización,* y vosotros respondisteis a su llamado con la generosidad y el compromiso que os caracterizan. Yo os lo confirmo y, con palabras de esta Quinta Conferencia, os digo: *sed discípulos fieles, para ser misioneros valientes y eficaces.*

La segunda Lectura nos ha presentado la grandiosa visión de la *Jerusalén celeste.* Es una imagen de espléndida belleza, en la que nada es simplemente decorativo, sino que todo contribuye a la perfecta armonía de la Ciudad santa. Escribe el vidente Juan que ésta "*bajaba del cielo, enviada por Dios trayendo la gloria de Dios*" (*Ap* 21,10). Pero la gloria de Dios es el Amor; por tanto la Jerusalén celeste es icono de la Iglesia entera, santa y gloriosa, sin mancha ni arruga (cf. *Ef* 5,27), iluminada en el centro y en todas partes por la presencia de Dios-Caridad. Es llamada "novia", "la esposa del Cordero" (*Ap* 20,9), porque en ella se realiza la figura nupcial que encontramos desde el principio hasta el fin en la revelación bíblica. La Ciudad-Esposa es patria de la plena comunión de Dios con los hombres; ella no necesita templo alguno ni ninguna fuente externa de luz, porque la presencia de Dios y del Cordero es inmanente y la ilumina desde dentro.

Este icono estupendo tiene un valor *escatológico*: expresa el misterio de belleza que *ya* constituye la forma de la Iglesia, aunque *aún no haya alcanzado* su plenitud. Es la meta de nuestra peregrinación, la patria que nos espera y por la cual suspiramos. Verla con los ojos de la fe, contemplarla y desearla, no debe ser motivo de evasión de la realidad histórica en que vive la Iglesia compartiendo las alegrías y las esperanzas, los dolores y las angustias de la humanidad contemporánea, especialmente de los más pobres y de los que sufren (cf. *Gaudium et spes*, 1). Si la belleza de la Jerusalén celeste es la gloria de Dios, o sea, su amor, es precisamente y solamente en la caridad cómo podemos acercarnos a ella y, en cierto modo, habitar en ella. Quien ama al Señor Jesús y observa su palabra experimenta ya en este mundo la misteriosa presencia de Dios

Uno y Trino, como hemos escuchado en el Evangelio: *"Vendremos a él y haremos morada en él"* (*Jn* 14,23). Por eso, todo cristiano está llamado a ser piedra viva de esta maravillosa "morada de Dios con los hombres". ¡Qué magnífica vocación!

Uma Igreja inteiramente animada e mobilizada pela caridade de Cristo, Cordeiro imolado por amor, é a imagem histórica da Jerusalém celeste, antecipação da Cidade santa, resplandecente da glória de Deus. Ela emana *uma força missionária irresistível*, que é *a força da santidade*. A Virgem Maria alcance para a América Latina e no Caribe ser abundantemente revestida da força do alto (cf. *Lc* 24,49) para irradiar no Continente e em todo o mundo a santidade de Cristo. A Ele seja dada glória, com o Pai e o Espírito Santo, nos séculos dos séculos. Amém.

SESSÃO INAUGURAL DOS TRABALHOS DA V CONFERÊNCIA GERAL DO EPISCOPADO DA AMÉRICA LATINA E DO CARIBE

DISCURSO DO PAPA BENTO XVI

Sala das Conferências - Santuário de Aparecida

Domingo, 13 de maio de 2007

Queridos Irmãos no Episcopado,

amados sacerdotes, religiosos, religiosas e leigos

Queridos observadores de outras confissões religiosas

É motivo de grande alegria estar hoje aqui convosco, para inaugurar a V Conferência Geral do Episcopado Latino-Americano e do Caribe, que se celebra junto ao Santuário de Nossa Senhora Aparecida, Padroeira do Brasil. Quero que as minhas primeiras palavras sejam de ação de graças e de louvor a Deus pelo grande dom da fé cristã às populações deste Continente.

Desejo agradecer igualmente as amáveis palavras do Senhor Cardeal Francisco Javier Errázuriz Ossa, Arcebispo de Santiago do Chile e Presidente do CELAM, pronunciadas também em nome dos outros dois Presidentes desta Conferência Geral e dos participantes na mesma.

1. A fé cristã na América Latina

A fé em Deus animou a vida e a cultura destes povos durante cinco séculos. Do encontro desta fé com as etnias originárias nasceu a rica cultura cristã deste Continente, manifestada na arte, na música, na literatura e, sobretudo nas tradições religiosas e na idiossincrasia das suas populações, unidas por uma única história e por um mesmo credo, e formando uma grande sintonia na diversidade das culturas e das línguas. Na atualidade, esta mesma fé tem que enfrentar sérios desafios, pois estão em jogo o desenvolvimento harmônico da sociedade e a identidade católica dos seus povos. A este respeito, a V Conferência Geral vai refletir sobre esta situação para ajudar os fiéis cristãos a viver a sua fé com alegria e coerência, a tomar consciência de que são discípulos e missionários de Cristo, enviados por Ele ao mundo para anunciar e dar testemunho da nossa fé e amor.

Porém, o que significou a aceitação da fé cristã para os povos da América Latina e do Caribe? Para eles, significou conhecer e acolher Cristo, o Deus desconhecido que os seus antepassados, sem o saber, buscavam nas suas ricas tradições religiosas. Cristo era o Salvador que esperavam silenciosamente. Significou também ter recebido, com as águas do batismo, a vida divina que fez deles filhos de Deus por adoção; ter recebido, outrossim, o Espírito Santo que veio fecundar as suas culturas, purificando-as e desenvolvendo os numerosos germes e sementes que o Verbo encarnado tinha lançado nelas, orientando-as assim pelos caminhos do Evangelho. Com efeito, o anúncio de Jesus e do seu Evangelho não supôs, em qualquer momento, uma alienação das culturas pré-colombianas, nem foi uma imposição de uma cultura alheia. As culturas autênticas não estão encerradas em si mesmas, nem petrificadas num determinado ponto da história, mas estão abertas, mais ainda, buscam o encontro com outras culturas, esperam alcançar a universalidade no encontro e o diálogo com outras formas de vida e com os elementos que possam levar a uma nova síntese, em que se respeite sempre a diversidade das expressões e da sua realização cultural concreta.

Em última instância, somente a verdade unifica, e a sua prova é o amor. Por isso Cristo, dado que é realmente o *Logos* encarnado, "o amor até ao extremo", não é alheio a qualquer cultura, nem a qualquer pessoa; pelo contrário, a resposta desejada no coração das culturas é o que lhes dá a sua identidade última, unindo a humanidade e respeitando, ao mesmo tempo, a riqueza das diversidades, abrindo todos ao crescimento na verdadeira humanização, no progresso autêntico. O Verbo de Deus, tornando-se carne em Jesus Cristo, fez-se também história e cultura.

A utopia de voltar a dar vida às religiões pré-colombianas, separando-as de Cristo e da Igreja universal, não seria um progresso, mas um regresso. Na realidade, seria uma involução para um momento histórico ancorado no passado.

A sabedoria dos povos originários levou-os felizmente a formar uma síntese entre as suas culturas e a fé cristã que os missionários lhes ofereciam. Daqui nasceu a rica e profunda religiosidade popular, em que aparece a alma dos povos latino-americanos:

— o amor a Cristo sofredor, o Deus da compaixão, do perdão e da reconciliação; o Deus que nos amou a ponto de se entregar por nós;

— o amor ao Senhor presente na Eucaristia, o Deus encarnado, morto e ressuscitado para ser Pão de Vida;

— o Deus próximo dos pobres e daqueles que sofrem;

a profunda devoção à Santíssima Virgem de Guadalupe, de Aparecida ou das diversas invocações nacionais e locais. Quando a Virgem de Guadalupe apareceu ao índio São João Diogo, disse-lhe estas palavras significativas: *"Não estou aqui, eu que sou a tua Mãe? Não te encontras sob a minha sombra e a minha proteção? Não sou eu a fonte da tua alegria? Não te encontras debaixo do meu manto, no cruzamento dos meus braços?"* (Nican Mopohua, nn. 118-119).

Esta religiosidade expressa-se também na devoção aos Santos com as suas festas patronais, no amor ao Papa e aos demais Pastores, no amor à Igreja universal como grande família de Deus que nunca pode, nem deve, deixar abandonados ou na miséria os seus próprios filhos. Tudo isto forma o grande mosaico da religiosidade popular que é o precioso tesouro da Igreja Católica na América Latina, e que ela deve proteger, promover e, naquilo que for necessário, também purificar.

2. Continuidade com as outras Conferências

Esta V Conferência Geral celebra-se em continuidade com as outras quatro que a precederam no Rio de Janeiro, Medellín, Puebla e Santo Domingo. Com o mesmo espírito que as animou, os Pastores querem dar agora um renovado impulso à evangelização, a fim de que estes povos continuem a crescer e a amadurecer na sua fé, para ser luz do mundo e testemunhas de Jesus Cristo com a sua própria vida.

Depois da IV Conferência Geral, em Santo Domingo, muitas coisas mudaram na sociedade. A Igreja, que participa nas alegrias e esperanças, nas penas e nos júbilos dos seus filhos, quer caminhar ao seu lado neste período de tantos desafios, para lhes infundir sempre esperança e consolação (cf. *Gaudium et spes*, 1).

No mundo de hoje verifica-se o fenômeno da globalização como um entrelaçamento de relações a nível planetário. Embora sob certos aspectos seja uma conquista da grande família humana e um sinal da sua profunda aspiração à unidade, contudo comporta também o risco dos grandes monopólios e de converter o lucro em valor supremo. Como em todos os campos da atividade humana, a globalização deve reger-se também na ética, colocando tudo a serviço da pessoa humana, criada à imagem e semelhança de Deus.

Na América Latina e no Caribe, assim como em outras regiões, caminhou-se rumo à democracia, embora haja motivos de preocupação diante de formas de governo autoritárias ou sujeitas a certas ideologias que se julgavam ultrapassadas, e que não correspondem à visão cristã do homem e da sociedade, como nos ensina a Doutrina Social da Igreja. Por outro lado, a economia liberal de alguns países latino-americanos deve ter presente a equidade, pois continuam a aumentar os setores sociais que se vêem provados cada vez mais por uma pobreza enorme ou mesmo despojados dos seus próprios bens naturais.

Nas Comunidades eclesiais da América Latina é notável a maturidade na fé de muitos leigos e leigas ativos e dedicados ao Senhor, além da presença de muitos catequistas abnegados, de muitos jovens, de novos movimentos eclesiais e de recentes Institutos de vida consagrada. Demonstram-se muitas obras católicas educativas, assistenciais e hospitalares. Observa-se, contudo, uma certa debilitação da vida cristã no conjunto da sociedade e da própria pertença à Igreja Católica devido ao secularismo, hedonismo, indiferentismo e proselitismo de numerosas seitas, de religiões animistas e de novas expressões pseudo-religiosas.

Tudo isto configura uma situação nova que será analisada aqui, em Aparecida. Diante da nova encruzilhada, os fiéis esperam desta

V Conferência uma renovação e revitalização da sua fé em Cristo, nosso único Mestre e Salvador, que nos revelou a experiência singular do Amor infinito de Deus Pai aos homens. Desta fonte poderão nascer novos caminhos e programas pastorais criativos, que infundam uma esperança firme para viver de maneira responsável e alegre a fé e para irradiá-la assim no próprio ambiente.

3. Discípulos e missionários

Esta Conferência Geral tem como tema: *"Discípulos e missionários de Jesus Cristo, para que nele nossos povos tenham vida"* (Jo 14, 6).

A Igreja tem a grande tarefa de conservar e alimentar a fé do Povo de Deus, e recordar também aos fiéis deste Continente que, em virtude do seu batismo, são chamados a ser *discípulos e missionários* de Jesus Cristo. Isto requer segui-lo, viver em intimidade com Ele, imitar o seu exemplo e dar testemunho. Cada batizado recebe de Cristo, como os Apóstolos, o mandato da missão: *"Ide pelo mundo inteiro e proclamai a Boa Nova a toda a criação. Quem crer e for batizado, será salvo"* (Mc 16, 15). Pois ser discípulo e missionário de Jesus Cristo e buscar a vida "nele" supõe estar profundamente enraizado nele.

O que nos dá Cristo realmente? Por que queremos ser discípulos de Cristo? Porque esperamos encontrar na comunhão com Ele a vida, a verdadeira vida digna deste nome, e por isso queremos dá-lo a conhecer aos demais, comunicando-lhes o dom que dele recebemos? Mas é mesmo assim? Estamos realmente convencidos de que Cristo é o Caminho, a Verdade e a Vida?

Diante da prioridade da fé em Cristo e da vida "nele", formulada no título desta V Conferência, poderia surgir também outra questão: esta prioridade, não poderia por acaso ser uma fuga no intimismo, no individualismo religioso, um abandono da realidade urgente dos grandes problemas econômicos, sociais e políticos da América Latina e do mundo, e uma fuga da realidade para um mundo espiritual?

Como primeiro passo, podemos responder a esta pergunta com outra: O que é esta "realidade"?

O que é o real? São "realidades" somente os bens materiais, os problemas sociais, econômicos e políticos? Aqui está precisamente o grande erro das tendências predominantes no último século, erro destruidor, como demonstram os resultados tanto dos sistemas marxistas como também dos capitalistas. Falsificam o conceito de realidade com a deturpação da realidade fundante e por isso decisiva, que é Deus. Quem exclui Deus do seu horizonte falsifica o conceito de "realidade" e, por conseguinte, só pode terminar por caminhos equivocados e com receitas destruidoras.

A primeira afirmação fundamental é, pois, a seguinte: somente quem reconhece Deus, conhece a realidade e pode corresponder-lhe de modo adequado e realmente humano. A verdade desta tese resulta evidente diante do fracasso de todos os sistemas que põem Deus entre parênteses.

Contudo, surge imediatamente outra pergunta: Quem conhece Deus? Como podemos conhecê-lo? Não podemos entrar aqui num debate complexo sobre esta questão fundamental. Para o cristão, o núcleo da resposta é simples: somente Deus conhece Deus, somente o seu Filho, que é Deus de Deus verdadeiro, O conhece. E Ele, "que está no seio do Pai, O deu a conhecer" (*Jo* 1, 18). Daqui a importância singular e insubstituível de Cristo para nós, para a humanidade. Se não conhecemos a Deus em Cristo e com Cristo, toda a realidade se transforma num enigma indecifrável; não há caminho e, não havendo caminho, não há vida nem verdade.

Deus é a realidade instituinte, não um Deus apenas pensado ou hipotético, mas o Deus com um rosto humano; é o Deus-conosco, o Deus do amor até à cruz. Quando o discípulo chega à compreensão deste amor de Cristo "até ao extremo", não pode deixar de responder a este amor, a não ser com um amor semelhante: "Seguir-te-ei para onde quer que fores" (*Lc* 9, 57).

Podemos formular ainda outra interrogação: O que nos dá a fé neste Deus? A primeira resposta é: dá-nos uma família, a família universal de Deus na Igreja Católica. A fé liberta-nos, de igual modo, do isolamento do eu, porque nos leva à comunhão: o encontro com Deus é, em si mesmo e como tal, encontro com os irmãos, um acto de convocação, de unificação e de responsabilidade pelo outro e pelos demais. Neste sentido, a opção preferencial pelos pobres está implícita na fé cristológica naquele Deus que se fez pobre por nós, para enriquecer-nos com a sua pobreza (cf. *2 Cor* 8,9).

Porém, antes de enfrentar aquilo que comporta o realismo da fé no Deus que se fez homem, temos que aprofundar esta pergunta: Como conhecer realmente Cristo, para poder segui-lo e viver com Ele, para nele encontrar a vida e para comunicar esta vida ao próximo, à sociedade e ao mundo? Antes de tudo, Cristo dá-se-nos a conhecer na sua pessoa, na sua vida e na sua doutrina, através da Palavra de Deus. Começando a nova etapa que a Igreja missionária da América Latina e do Caribe se dispõe a empreender, a partir desta V Conferência Geral em Aparecida, é condição indispensável o profundo conhecimento da Palavra de Deus.

Por isso, é necessário educar o povo para a leitura e a meditação da Palavra de Deus: que ela se transforme no seu alimento para que, pela sua própria experiência, vejam que as palavras de Jesus são espírito e vida (cf. *Jo* 6, 63). Caso contrário, como poderão anunciar uma mensagem, cujo conteúdo e espírito não conhecem profundamente? Temos que fundamentar o nosso compromisso missionário e toda a nossa vida na rocha da Palavra de Deus. Por isso, animo os Pastores a esforçar-se em vista de a dar a conhecer.

Um grande instrumento para introduzir o Povo de Deus no mistério de Cristo é a *catequese*. Nela, transmite-se de forma simples e substancial a mensagem de Cristo. Portanto, convirá intensificar a catequese e a formação na fé, tanto das crianças como dos jovens e dos adultos. A reflexão madura da fé é luz para o caminho da vida e força para sermos testemunhas de Cristo. Para isto, dispõe-se de instrumentos realmente preciosos, como o *Catecismo da Igreja Católica* e a sua versão mais breve, o *Compêndio do Catecismo da Igreja Católica*.

Neste campo não nos podemos limitar unicamente às homilias, conferências, cursos bíblicos ou teológicos, mas é necessário recorrer também aos meios de comunicação: imprensa, rádio e televisão, sites da internet, foros e muitos outros sistemas para transmitir eficazmente a mensagem de Cristo a um vasto número de pessoas.

Neste esforço em vista de conhecer a mensagem de Cristo e de a transformar na guia da própria vida, é preciso recordar que a evangelização sempre esteve unida à promoção humana e à autêntica libertação cristã. *"Amor a Deus e amor ao próximo fundem-se num todo: no mais pequenino, encontramos o próprio Jesus e, em Jesus, encontramos Deus"*

(*Deus caritas est*, 15). Por este mesmo motivo, será inclusive necessária uma catequese social e uma adequada formação na doutrina social da Igreja, sendo muito útil para isto o *"Compêndio da Doutrina Social da Igreja"*. A vida cristã não se expressa unicamente nas virtudes pessoais, mas também nas virtudes sociais e políticas.

O discípulo, fundamentado assim na rocha da Palavra de Deus, sente-se impelido a anunciar a Boa Nova da salvação aos seus irmãos. *Discipulado e missão* são como os dois lados de uma mesma medalha: quando o discípulo está apaixonado por Cristo, não pode deixar de anunciar ao mundo que somente Ele nos salva (cf. *At* 4, 12). Efetivamente, o discípulo sabe que sem Cristo não há luz, não existe esperança, não há amor e não existe futuro.

4. *"Para que nele tenham vida"*

Os povos latino-americanos e caribenhos têm direito a uma vida plena, própria dos filhos de Deus, com condições mais humanas: livres das ameaças da fome e de todas as formas de violência. Para estes povos, os seus Pastores têm que fomentar uma cultura da vida que permita, como dizia o meu Predecessor Paulo VI, "passar da miséria à posse do necessário, à aquisição da cultura, à cooperação no bem comum... até chegar ao reconhecimento, por parte do homem, dos valores supremos e de Deus, que é a origem e o termo deles" (*cf. Populorum progressio*, 21).

Neste contexto, é-me grato recordar a Encíclica *"Populorum progressio"*, cujo 40º aniversário recordamos no corrente ano. Este documento pontifício põe em evidência o fato de que o desenvolvimento deve ser integral, isto é, orientado rumo à promoção de todo o homem e de todos os homens (cf. n. 14), e convida todos a eliminar as graves desigualdades sociais e as enormes diferenças no acesso aos bens. Estes povos aspiram, sobretudo, à plenitude de vida que Cristo nos trouxe: *"Eu vim para que tenham vida, e a tenham em abundância"* (*Jo* 10, 10). Com esta vida divina desenvolve-se também plenamente a existência humana, nas suas dimensões pessoal, familiar, social e cultural.

Para formar o discípulo e ajudar o missionário na sua grande tarefa, a Igreja oferece-lhes, além do Pão da Palavra, também o Pão da Eucaristia. A este respeito, inspira-nos e ilumina-nos a página do Evangelho sobre os discípulos de Emaús. Quando eles se sentam à mesa e recebem de Jesus Cristo o pão abençoado e partido, se lhes abrem os olhos, descobrem o rosto do Ressuscitado, sentem no seu coração que é verdade tudo o que Ele disse e fez, e que já começou a redenção do mundo. Cada domingo e cada Eucaristia é um encontro pessoal com Cristo. Ouvindo a Palavra divina, o coração arde porque é Ele que a explica e proclama. Quando na Eucaristia se parte o pão, é a Ele que se recebe pessoalmente. A Eucaristia é o alimento indispensável para a vida do discípulo e missionário de Cristo.

A Missa dominical, centro da vida cristã

Eis por que a necessidade de dar prioridade, nos programas pastorais, à valorização da Missa dominical. Temos de motivar os cristãos para que participem nela ativamente e, se possível, melhor com a família. A participação dos pais com seus filhos na celebração eucaristia dominical é uma pedagogia eficaz para comunicar a fé e um estreito vínculo que mantém a unidade entre eles. O domingo significa ao longo da vida da Igreja, o momento privilegiado do encontro das comunidades com o Senhor ressuscitado.

É necessário que os cristãos sintam que não seguem um personagem da história passada, mas Cristo vivo, presente no *hoje* e no *agora* de suas vidas. Ele é o Vivente que caminha ao nosso lado, mostrando-nos o sentido dos acontecimentos, da dor e da morte, da alegria e da festa, entrando nas nossas casas e permanecendo nelas, alimentando-nos com o Pão que dá a vida. Por isso a celebração dominical da Eucaristia tem que ser o centro da vida cristã.

O encontro com Cristo na Eucaristia suscita o compromisso da evangelização e o impulso à solidariedade; desperta no cristão o forte desejo de anunciar o Evangelho e de o testemunhar na sociedade para que seja mais justa e humana. No decorrer dos séculos da Eucaristia brotou um imenso caudal de caridade, de participação nas dificuldades dos outros, de amor e de justiça.

Somente da Eucaristia brotará a civilização do amor, que transformará a América Latina e o Caribe para que, além de ser o Continente da Esperança, seja também o Continente do Amor!

Os problemas sociais e políticos

Ao chegar a este ponto podemos perguntarmo-nos: como pode a Igreja contribuir para a solução dos urgentes problemas sociais e políticos, e responder ao grande desafio da pobreza e da miséria?

Os problemas da América Latina e do Caribe, assim como do mundo de hoje, são múltiplos e complexos, e não podem ser enfrentados com programas generalizados. Todavia, a questão fundamental sobre o modo como a Igreja, iluminada pela fé em Cristo, deva agir diante desses desafios, são concernentes a todos nós. Neste contexto, é inevitável falar do problema das estruturas, sobretudo das que criam injustiças. Na realidade, as estruturas justas são uma condição sem a qual não é possível uma ordem justa na sociedade. Porém, como nascem? Como funcionam? Tanto o capitalismo como o marxismo prometeram encontrar o caminho para a criação de estruturas justas e afirmaram que estas, uma vez estabelecidas, funcionariam por si mesmas; afirmaram que não só não teriam tido necessidade de uma precedente moralidade individual, mas também que fomentariam a moralidade comum. E esta promessa ideológica demonstrou-se falsa.

Os fatos o comprovam. O sistema marxista, onde governou, deixou não só uma triste herança de destruições econômicas e ecológicas, mas também uma dolorosa opressão das almas. E o mesmo vemos também no ocidente, onde cresce constantemente a distância entre pobres e ricos e se produz uma inquietadora degradação da dignidade pessoal com a droga, o álcool e as sutis ilusões de felicidade.

As estruturas justas são, como já disse, uma condição indispensável para uma sociedade justa, mas não nascem nem funcionam sem um consenso moral da sociedade sobre os valores fundamentais e sobre a necessidade de viver estes valores com as necessárias renúncias, inclusive contra o interesse pessoal.

Onde Deus está ausente o Deus do rosto humano de Jesus Cristo estes valores não se mostram com toda a sua força, nem se produz um consenso sobre eles. Não quero dizer que os não-crentes não podem viver uma moralidade elevada e exemplar; digo somente que uma sociedade na qual Deus está ausente não encontra o consenso necessário sobre os valores morais e a força para viver segundo a pauta destes valores, também contra os próprios interesses.

Por outro lado, as estruturas justas têm que ser procuradas e elaboradas à luz dos valores fundamentais, com todo o empenho da razão política, econômica e social. São uma questão da *recta ratio* e não provêm de ideologias nem das suas promessas. Certamente há um tesouro de experiências políticas e de conhecimentos sobre os problemas sociais e econômicos, que evidenciam elementos fundamentais de um Estado justo e os caminhos que devem ser evitados.

Contudo, em situações culturais e políticas diversas, e as mudanças progressivas das tecnologias e da realidade histórica mundial, devem ser procuradas de maneira racional as respostas adequadas e se deve criar com os compromissos indispensáveis o consenso sobre as estruturas que devem ser estabelecidas.

Este trabalho político não é competência imediata da Igreja. O respeito de uma sadia laicidade junto com a pluralidade das posições políticas é essencial na tradição cristã. Se a Igreja começar a se transformar diretamente em sujeito político, não faria mais pelos pobres e pela justiça, ao contrário, faria menos porque perderia a sua independência e a sua autoridade moral, identificando-se com uma única via política e com posições parciais opináveis. A Igreja é advogada da justiça e dos pobres, exatamente por não se identificar com os políticos nem com os interesses de partido.

Somente sendo independente pode ensinar os grandes critérios e os valores inderrogáveis, orientar as consciências e oferecer uma opção de vida que vai mais além do âmbito político. Formar as consciências, ser advogada da justiça e da verdade, educar nas virtudes individuais e políticas, é a vocação fundamental da Igreja neste setor. E os leigos católicos devem ser conscientes da sua responsabilidade na vida pública; devem estar presentes na formação dos consensos necessários e na oposição contra as injustiças.

As estruturas justas jamais serão completas de modo definitivo; pela constante evolução da história, hão de ser sempre renovadas e atualizadas; hão de estar animadas sempre por um *"ethos"* político e humano, por cuja presença e eficiência se trabalhará cada vez mais. Em outras palavras, a presença de Deus, a amizade com o Filho de Deus encarnado, a luz da sua Palavra, são sempre condições fundamentais para a presença e eficiência da justiça e do amor nas nossas sociedades.

Por se tratar de um Continente de batizados, convém preencher a notável ausência no âmbito político, comunicativo e universitário, de vozes e iniciativas de líderes católicos de forte personalidade e de vocação abnegada, que sejam coerentes com as suas convicções éticas e religiosas. Os movimentos eclesiais têm aqui um amplo campo para recordar aos leigos a sua responsabilidade e a sua missão de levar a luz do Evangelho para a vida pública, cultural, econômica e política.

5. Outros aspectos prioritários

Para levar a cabo a renovação da Igreja a vós confiada nestas terras, quis fixar a atenção juntamente convosco sobre alguns aspectos que considero prioritários nesta nova etapa.

A família

A família, "patrimônio da humanidade", constitui um dos tesouros mais importantes dos povos latino-americanos. Ela foi e é a escola de fé, palestra de valores humanos e cívicos, lar em que a vida humana nasce e é acolhida generosa e responsavelmente. Todavia, na atualidade sofre situações adversas provocadas pelo secularismo e pelo relativismo ético, pelos diversos fluxos migratórios internos e externos, pela pobreza, pela instabilidade social e pelas legislações civis contrárias ao matrimônio que, ao favorecer os anticoncepcionais e o aborto, ameaçam o futuro dos povos.

Em algumas famílias da América Latina persiste infelizmente ainda uma mentalidade machista, ignorando a novidade do cristianismo que reconhece e proclama a igual dignidade e responsabilidade da mulher em relação ao homem.

A família é insubstituível para a tranqüilidade pessoal e para a educação dos filhos. As mães que desejam dedicar-se plenamente à educação dos seus filhos e ao serviço da família devem gozar das condições necessárias para o poder fazer, e por isso têm direito de contar com o apoio do Estado. De fato, o papel da mãe é fundamental para o futuro da sociedade.

O pai, por seu lado, tem o dever de ser verdadeiramente pai que exerce a sua indispensável responsabilidade e colaboração na educação dos seus filhos. Os filhos, para o seu crescimento integral, têm o direito de poder contar com o pai e com a mãe, que se ocupem deles e os acompanhem rumo à plenitude da sua vida. Portanto, é necessária uma pastoral familiar intensa e vigorosa. É indispensável de igual modo promover políticas familiares autênticas que respondam aos direitos da família como sujeito social imprescindível. A família faz parte do bem dos povos e da humanidade inteira.

Os sacerdotes

Os primeiros promotores do discipulado e da missão são aqueles que foram chamados *"para estar com Jesus e ser enviados a pregar"* (cf. *Mc* 3, 14), ou seja, os sacerdotes. Eles devem receber de modo preferencial a atenção e o cuidado paterno dos seus Bispos, pois são os primeiros agentes de uma autêntica renovação da vida cristã no povo de Deus. A eles quero dirigir uma palavra de afeto paterno desejando *"que o Senhor seja parte da sua herança e do seu cálice"* (cf. *Sl* 16, 5). Se o sacerdote fizer de Deus o fundamento e o centro de sua vida, então experimentará a alegria e a fecundidade da sua vocação. O sacerdote deve ser antes de tudo um "homem de Deus" (*1 Tm* 6, 11); um homem que conhece a Deus "em primeira mão", que cultiva uma profunda amizade pessoal com Jesus, que compartilha os "sentimentos de Jesus" (cf. *Fl* 2, 5).

Somente assim o sacerdote será capaz de levar Deus o Deus encarnado em Jesus Cristo aos homens, e de ser representante do seu amor. Para cumprir a sua altíssima missão deve possuir uma sólida estrutura espiritual e viver toda a existência animada pela fé, a esperança e a caridade. Tem de ser, como Jesus, um homem que procure, através da oração, o rosto e a vontade de Deus, cultivando igualmente sua preparação cultural e intelectual.

Queridos sacerdotes deste Continente e quantos que, como missionários, nele viestes a trabalhar: o Papa acompanha vossa atividade pastoral e deseja que estejam repletos de consolações e de esperança, e reza por vocês.

Religiosos, religiosas e consagrados

Quero dirigir-me também aos religiosos, às religiosas e aos leigos e leigas consagrados. A sociedade latino-americana e caribenha tem necessidade do vosso testemunho: em um mundo que tantas vezes busca, sobretudo, o bem-estar, a riqueza e o prazer como finalidade da vida, e que exalta a liberdade prescindindo da verdade do homem criado por Deus, vocês são testemunhas de que existe outra forma de viver com sentido; lembrem aos vossos irmãos e irmãs que o Reino de Deus chegou; que a justiça e a verdade são possíveis se nos abrimos à presença amorosa de Deus nosso Pai, de Cristo nosso irmão e Senhor, do Espírito Santo nosso Consolador. Com generosidade e até ao heroísmo, continuai trabalhando para que na sociedade reine o amor, a justiça, a bondade, o serviço, a solidariedade conforme o carisma dos vossos fundadores. Abraçai com profunda alegria vossa consagração, que é instrumento de santificação para vocês e de redenção para vossos irmãos.

A Igreja da América Latina vos agradece pelo grande trabalho que vindes realizando ao longo dos séculos pelo Evangelho de Cristo a favor de vossos irmãos, principalmente pelos mais pobres e marginalizados. Convido a todos para que colaborem sempre com os Bispos, trabalhando unidos a eles que são os responsáveis pela pastoral. Exorto-vos também a uma obediência sincera à autoridade da Igreja. Não tenham outro ideal que não seja a santidade conforme os ensinamentos de vossos fundadores.

Os leigos

Nesta hora em que a Igreja deste Continente se entrega plenamente à sua vocação missionária, lembro aos leigos que são também Igreja, assembléia convocada por Cristo para levar seu testemunho ao mundo inteiro. Todos os homens e mulheres batizados devem tomar consciência de que foram configurados com Cristo Sacerdote, Profeta e Pastor, através do sacerdócio comum do Povo de Deus. Devem sentir-se co-responsáveis na construção da sociedade segundo os critérios do Evangelho, com entusiasmo e audácia, em comunhão com os seus Pastores.

São muitos os fiéis que pertencem a *movimentos eclesiais,* nos quais podemos ver os sinais da multiforme presença e ação santificadora do Espírito Santo na Igreja e na sociedade atual. Eles são chamados para levar ao mundo o testemunho de Jesus Cristo e ser fermento do amor de Deus na sociedade.

Os Jovens e a pastoral vocacional

Na América Latina a maioria da população é formada por jovens. A este respeito, devemos recordar-lhes que sua vocação é ser amigos de Cristo, discípulos, sentinelas do amanhã, como costumava dizer o meu Predecessor João Paulo II. Os jovens não temem o sacrifício, mas, sim, uma vida sem sentido. São sensíveis à chamada de Cristo que os convida a segui-Lo. Podem responder a essa chamada como sacerdotes, como consagrados e consagradas, ou ainda como pais e mães de família, dedicados totalmente a servir aos seus irmãos com todo o seu tempo, sua capacidade de entrega e com a vida inteira. Os jovens encaram a existência como uma constante descoberta, não se limitando às modas e tendências comuns, indo mais além com uma curiosidade radical acerca do sentido da vida, e de Deus Pai-Criador e Deus-Filho Redentor no seio da família humana. Eles devem-se comprometer por uma constante renovação do mundo à luz de Deus. Mais ainda: cabe-lhes a tarefa de opor-se às fáceis ilusões da felicidade imediata e dos paraísos enganosos da droga, do prazer, do álcool, junto com todas as formas de violência.

Os trabalhos desta V Conferência Geral nos levam a fazer nossa súplica dos discípulos de Emaús:

"Fica conosco, pois a noite vai caindo e o dia está no ocaso" (Lc 24, 29).

Fica conosco, Senhor, acompanha-nos mesmo se nem sempre te soubemos reconhecer. Fica conosco, porque se vão tornando mais densas à nossa volta as sombras, e tu és a Luz; em nossos corações insinua-se o desespero, e tu os fazer arder com a esperança da Páscoa. Estamos cansados do caminho, mas tu nos confortas na fração do pão para anunciar a nossos irmãos que na verdade tu ressuscitaste e que nos deste a missão de ser testemunhas da tua ressurreição.

Fica conosco, Senhor, quando à volta da nossa fé católica surgem as nùvens da dúvida, do cansaço ou da dificuldade: tu, que és a própria Verdade como revelador do Pai, ilumina as nossas mentes com a tua Palavra; ajuda-nos a sentir a beleza de crer em ti.

Fica nas nossas famílias, ilumina-as nas suas dúvidas, ampara-as nas suas dificuldades, conforta-as nos seus sofrimentos e na fadiga quotidiana, quando à sua volta se adensam sombras que ameaçam a sua unidade e a sua natureza. Tu que és a Vida permanece nos nossos lares, para que continuem a ser berços onde nasce a vida humana abundante e generosamente, onde se acolhe, se ama, se respeite a vida desde a sua concepção até ao seu fim natural.

Permanece, Senhor, com os que nas nossas sociedades são mais vulneráveis; permanece com os pobres e humildes, com os indígenas e afro-americanos, que nem sempre encontraram espaços e apoio para expressar a riqueza da sua cultura e a sabedoria da sua identidade. Permanece, Senhor, com as nossas crianças e com os nossos jovens, que são a esperança e a riqueza do nosso Continente, protege-os das tantas insídias que atentam contra a sua inocência e contra as suas legítimas esperanças. Oh bom Pastor, permanece com os nossos idosos e com os nossos enfermos! Fortalece todos na sua fé para que sejam teus discípulos e missionários!

6. Conclusão

Ao concluir a minha permanência entre vós, desejo invocar a proteção da Mãe de Deus e Mãe da Igreja sobre as vossas pessoas e sobre toda a América Latina e Caribe. Imploro de modo especial a Nossa Senhora com o título de Guadalupe, Padroeira da América, e de Aparecida, Padroeira do Brasil que vos acompanhe no vosso empenhativo e exigente trabalho pastoral. A ela confio o Povo de Deus nesta etapa do terceiro

Milênio cristão. A ela peço também que guie os trabalhos e reflexões desta Conferência Geral, e que abençoe com abundantes dons os queridos povos deste Continente.

Antes de regressar a Roma, quero deixar à V Conferência Geral do Episcopado da América Latina e do Caribe uma recordação que a acompanhe e a inspire. Trata-se deste bonito tríptico proveniente da arte de Cusco no Peru. Nele está representado o Senhor pouco antes de subir ao Céu, dando a quem o seguia a missão de fazer discípulos de todos os povos. As imagens evocam a estreita relação de Jesus Cristo com os seus discípulos e missionários para a vida do mundo. O último quadro representa São João Diogo evangelizando com a imagem da Virgem Maria no seu manto e com a Bíblia na mão. A história da Igreja ensina-nos que a verdade do Evangelho, quando é assumida na sua beleza com os nossos olhos e é acolhida com fé pela inteligência e o coração ajuda-nos a contemplar as dimensões de mistério que suscitam a nossa admiração e adesão.

Despeço-me muito cordialmente de todos vós com esta firme esperança no Senhor. Muito obrigado!

CERIMÔNIA DE DESPEDIDA

DISCURSO DO PAPA BENTO XVI

Aeroporto Internacional de São Paulo/Guarulhos

Domingo, 13 de maio de 2007

Senhor Vice-Presidente:

Ao deixar esta terra abençoada do Brasil, eleva-se na minha alma um hino de ação de graças ao Altíssimo, que me permitiu viver aqui horas intensas e inesquecíveis, com o olhar dirigido à Senhora Aparecida que, do seu Santuário, presidiu o início da V (Quinta) Conferência Geral do Episcopado Latino-Americano e do Caribe.

Na minha memória ficarão para sempre gravadas as manifestações de entusiasmo e de profunda piedade deste povo generoso da Terra da Santa Cruz que, junto à multidão de peregrinos provindos deste Continente da esperança, soube dar uma pujante demonstração de fé em Cristo e de amor pelo Sucessor de Pedro. Peço a Deus que ajude os responsáveis, seja no âmbito religioso que no civil a imprimir um passo decidido àquelas iniciativas, que todos esperam, pelo bem comum da grande Família Latino-Americana.

A minha saudação final, repassada de gratidão, vai para o Senhor Presidente da República, para o Governo desta Nação e do Estado de São Paulo, e para as demais Autoridades brasileiras que tantas provas de delicadeza quiseram-me dispensar nestes dias.

Estou também agradecido às autoridades consulares, cuja diligente atuação facilitou sobremaneira a participação das próprias Nações nestes dias de reflexão, oração e compromisso pelo bem comum dos participantes a este grande evento.

Um particular pensamento de estima fraterna dirijo-o, com profundo reconhecimento, aos Senhores Cardeais, aos meus Irmãos no Episcopado, aos Sacerdotes e Diáconos, Religiosos e Religiosas, aos Organizadores da Conferência. Todos contribuíram para abrilhantar estas jornadas, deixando a quantos nelas tomaram parte cheios de alegria e de esperança - *gaudium et spes!* - na família cristã e na sua missão no meio da sociedade.

Tende a certeza de que levo a todos no meu coração, donde brota a Bênção que vos concedo e que faço extensiva a todos os Povos da América Latina e do Mundo.

Muito obrigado!